Max Lucado

Liebe im Überfluss

Inspirationen aus 1. Korinther 13

Über den Autor

Max Lucado ist Pastor der Oak Hill Church in San Antonio, Texas. Er ist verheiratet, Vater von drei Töchtern und Autor mehrerer Bücher. Sein Hauptanliegen ist es, Menschen mit der Liebe Gottes vertraut zu machen.
Die Zeitschrift „Christianity Today" zählt Max Lucado zu den bekanntesten christlichen Autoren Amerikas. Tatsächlich erreichten seine Bücher bisher eine Gesamtauflage von über 50 Millionen Exemplaren.

Max Lucado

Liebe im Überfluss

Inspirationen aus
1. Korinther 13

Für meine Tochter Jenna
zu ihrem achtzehnten Geburtstag.
Eine größere und tiefere Freude
könnte kein anderer Vater empfinden.

Ich liebe dich!

FSC

Mix
Produktgruppe aus vorbildlich
bewirtschafteten Wäldern und
anderen kontrollierten Herkünften

Zert.-Nr. SGS-COC-1940
www.fsc.org
© 1996 Forest Stewardship Council

Verlagsgruppe Random House FSC-DEU-0100
Das für diese Buch verwendete FSC-zertifizierte Papier
Holmen Book Cream liefert Mochenwangen.

Die amerikanische Originalausgabe erschien im Verlag W Publishing Group,
a Division of Thomas Nelson, Inc, P.O. Box 141000, Nashville,
Tennessee 37214 unter dem Titel „A Love Worth Giving".
© 2002 by Max Lucado.
© der deutschen Ausgabe 2004, 2008 Gerth Medien GmbH, Asslar,
in der Verlagsgruppe Random House GmbH, München.
Aus dem Amerikanischen übersetzt von Antje Balters.

Bestell.-Nr. 816 295
ISBN 978-3-86591-295-4
1. Taschenbuchauflage 2008
Umschlaggestaltung: Hanni Plato
Satz: Die Feder GmbH, Wetzlar
Druck und Verarbeitung: GGP Media GmbH, Pößneck
Printed in Germany

Inhalt

Das 7,47-Prinzip

Wir wollen lieben,
weil Gott uns zuerst geliebt hat.
1. Johannes 4,19

Gott liebt Sie. Persönlich.
Intensiv. Leidenschaftlich.
Andere haben genau das versprochen,
dabei jedoch versagt.
Gott hat es versprochen
und es tatsächlich auch geschafft.
Er liebt Sie mit unerschöpflicher,
grenzenloser Liebe.
Seine Liebe kann Sie ganz erfüllen –
vorausgesetzt Sie lassen es zu –
und in Ihnen eine Liebe bewirken,
die es wert ist, weitergegeben zu werden.

Man kann sich kaum zwei unterschiedlichere Menschen vorstellen.

Er ist einer, zu dem alle aufblicken. Auf sie wird herabgeblickt.

Er ist ein Kirchenführer, sie kommt von der Straße.

Er lebt davon, dass er Maßstäbe setzt. Sie hat davon gelebt, sich über solche Maßstäbe hinwegzusetzen.

Er ist Gastgeber der Party, sie sprengt die gesamte Feier.

Fragen Sie die anderen Einwohner von Kapernaum, wer von beiden frömmer ist, und es werden garantiert alle auf Simon zeigen. Schließlich ist er Theologe, ein Geistlicher. Jeder würde auf ihn zeigen. Alle, das heißt alle außer Jesus. Jesus kennt sie beide. Und Jesus zeigt auf die Frau, stimmt ganz klar für sie. Und außerdem sagt er Simon auch noch warum.

Nicht, dass Simon das so besonders interessieren würde. Er ist mit seinen Gedanken ganz woanders. *Wie ist dieses Flittchen bloß in mein Haus gekommen?* Er weiß gar nicht, wen er zuerst anschreien soll, die Frau oder den Diener, der sie hereingelassen hat. Schließlich ist dieses Essen eine ganz offizielle Angelegenheit. Einlass nur mit Einladungskarte, alles First Class. Die Crème de la crème gibt sich hier ein Stelldichein. Wer hat dieses Flittchen eingelassen?

Simon ist wütend. Seht sie doch nur, wie sie da zu Jesu Füßen herumkriecht . . . und sie dann auch noch küsst! *Wenn Jesus der wäre, der er behauptet zu sein, dann würde er mit dieser Frau nichts zu tun haben wollen.*

Eine der Lektionen, die Simon an diesem Tag erhält, lautet: Denke nichts, von dem du nicht willst, dass Jesus es erfährt. Denn Jesus hört Simons Gedanken und entscheidet sich dafür, ein paar seiner eigenen Gedanken mit den anderen Anwesenden zu teilen.

„Simon, ich will dir etwas erzählen", unterbricht ihn Jesus in seinen Gedanken. „Ja, ich höre zu, Meister", antwortet Simon.

„Ein reicher Mann hatte zwei Leuten Geld geliehen. Der eine Mann schuldete ihm fünftausend Euro, der andere fünfhundert.

Weil sie aber zum festgesetzten Termin das Geld nicht zurückzahlen konnten, erließ er beiden die Schulden. Welcher der beiden Männer wird ihm nun dankbarer sein?"

„Bestimmt der, dem er die größte Schuld erlassen hat" antwortete Simon. „Du hast recht!" bestätigte ihn Jesus.

Dann blickt er die Frau an und sagt: „Sieh diese Frau, Simon! Ich bin in dein Haus gekommen, und du hast mir kein Wasser für meine Füße gegeben, was doch sonst selbstverständlich ist. Aber sie hat meine Füße mit ihren Tränen gewaschen und mit ihrem Haar abgetrocknet.

Du hast mich nicht mit einem Bruderkuss begrüßt. Aber diese Frau hat immer wieder meine Füße geküsst.

Du hast meine Stirn nicht mit Öl gesalbt, während sie dieses kostbare Öl sogar über meine Füße gegossen hat.

Ich sage dir: Ihre große Schuld ist ihr vergeben; sonst hätte sie mir nicht so viel Liebe zeigen können. Wem wenig vergeben wird, der liebt auch wenig."
Lukas 7,40–47

Simon lädt Jesus in sein Haus ein, behandelt ihn dann jedoch wie einen lästigen Stiefonkel. Keine üblichen Höflichkeiten und Respektbekundungen, kein Begrüßungskuss, keine Fußwaschung.

Kein Öl für seinen Kopf.

Oder, um es modern auszudrücken: Es macht ihm niemand die Tür auf und keiner nimmt ihm den Mantel ab oder schüttelt ihm die Hand. Selbst Graf Dracula hat da bessere Manieren.

Simon unternimmt nichts, um Jesus das Gefühl zu

geben, willkommen zu sein. Die Frau jedoch tut all das, was Simon unterlassen hat. Ihren Namen erfahren wir nicht, aber dafür etwas über ihren Ruf – sie ist eine Sünderin, höchstwahrscheinlich eine Prostituierte. Sie hat keine Einladung zu dem Fest und gehört auf keinen Fall zu denen im Ort, die Rang und Namen haben (stellen Sie sich eine Nutte in einem hautengen Kleid vor, die während der Weihnachtsfeier des Pastors im Pfarrhaus aufkreuzt. Hälse recken sich, Gesichter erröten, man hört das Luftschnappen der Entrüstung!).

Aber die Meinung der Leute hat sie nicht daran gehindert zu kommen. Denn sie ist nicht um ihrer selbst willen da, sondern allein seinetwegen. Jede ihrer Bewegungen ist gemessen und bedeutungsvoll, jede Geste ausgesprochen extravagant. Sie legt ihre Wange an seine Füße, die immer noch vom Weg staubig sind. Wasser hat sie nicht dabei, aber ihre Tränen. Sie hat kein Handtuch mitgebracht, aber sie hat ihr Haar. Beides benutzt sie, um Jesu Füße zu waschen. In einer Übersetzung heißt es: „Sie ließ es Tränen regnen" auf seine Füße. Sie öffnet eine Phiole mit duftendem Öl, vielleicht ihr einziger wertvoller Besitz, und reibt seine Füße damit ein. Der Duft ist ebenso unausweichlich wie die Ironie der gesamten Situation.

Eigentlich hätte man doch meinen sollen, dass wenn überhaupt jemand, Simon ein solches Maß an Liebe zum Ausdruck gebracht hätte. Ist denn nicht er der Gemeindeleiter, der Schriftgelehrte? Aber er ist abweisend und distanziert.

Man sollte doch eigentlich meinen, die Frau würde Jesus eher aus dem Weg gehen. Denn ist sie nicht eine Dame der Nacht, die Stadthure? Aber sie kann ihm nicht widerstehen. Simons „Liebe" ist wohl temperiert und eher knauserig, ihre dagegen ist verschwenderisch und waghalsig.

Womit sollen wir den Unterschied zwischen den beiden erklären? Ist es Übung? Ist es Erziehung? Ist es

Geld? Nein, das kann eigentlich nicht sein, denn in allen drei Bereichen ist Simon der Frau weit voraus.

Einen Bereich gibt es jedoch, da lässt sie ihn um Längen hinter sich. Überlegen Sie doch einmal, um welchen Bereich es sich da handeln könnte. Welche besondere Entdeckung hat sie gemacht und Simon dagegen nicht? Welchen Schatz hält sie zärtlich in Ehren, Simon dagegen nicht? Ganz einfach. Es ist die Liebe Gottes. Wir wissen nicht, wann sie diese Liebe für sich angenommen hat. Wir erfahren auch nicht, wo und wie sie davon erfahren hat. Hat sie vielleicht zufällig mitgehört, wie Jesus gesagt hat: „Seid so barmherzig wie euer Vater im Himmel!" (Lukas 6,36)? War sie vielleicht in der Nähe, als Jesus Mitleid zeigte mit der Witwe von Nain? Hat ihr jemand davon erzählt, dass Jesus Leprakranke berührt und aus Steuereintreibern Jünger gemacht hat? Wir wissen es nicht, Folgendes jedoch wissen wir: Sie kam durstig zu ihm. Durstig von ihrer Schuld. Durstig von Reue. Durstig von den unzähligen Nächten, in denen sie Liebe gemacht, selbst aber keine gefunden hatte. Sie kam wahrhaft durstig zu ihm.

Und als Jesus ihr den Kelch der Gnade reicht, da trinkt sie. Sie probiert nicht nur ein Schlückchen oder nippt ein ganz klein wenig. Sie taucht nicht den Finger hinein und leckt ihn dann ab, nein, sie setzt den Becher mit Flüssigkeit an ihre Lippen und trinkt, in tiefen Zügen, so wie es jemand macht, der völlig ausgedörrt ist, so ausgedörrt wie sie. Sie trinkt, bis ihr die Barmherzigkeit das Kinn hinabrinnt, den Hals entlang und auf die Brust. Sie trinkt so lange, bis jeder Zentimeter ihrer Seele wieder befeuchtet ist und dadurch weich wird. Sie kommt durstig und sie trinkt. Sie trinkt in tiefen Zügen.

Simon dagegen hat nicht einmal eine Ahnung, dass er überhaupt durstig ist. Menschen wie Simon brauchen keine Gnade, sondern sie analysieren sie lieber, zerpflücken sie theoretisch. Sie bitten nicht um Barmherzigkeit; sie debattieren und teilen sie zu. Dabei war es nicht so, dass Simon keine Vergebung bekommen konnte; er bat ganz einfach nie darum.

Während sie also austrinkt, bläht er sich auf. Während sie verschwenderisch Liebe zu geben hat, kommt von ihm gar nichts. Warum ist das so? Wegen des 7,47 Prinzips. Lesen Sie noch einmal Vers 47 aus Kapitel 7 des Lukasevangeliums: „Wem wenig vergeben wird, der liebt auch wenig." Ebenso wie ein Jumbo-Jet, hat das 7,47 Prinzip breite Tragflächen. Genau wie das Flugzeug kann einen dieses Prinzip auf eine höhere Ebene emporheben. Lesen Sie es deshalb noch einmal. „Wem wenig vergeben wird, der liebt auch wenig." Anders ausgedrückt, wir können nicht geben, was wir nie bekommen haben. Wenn wir nie Liebe bekommen haben, wie sollen wir sie dann anderen geben können?

Aber ach, wie sehr wir es doch ständig versuchen! Als ob wir durch reine Willensanstrengung Liebe erzeugen könnten. Als ob sich in unserem Inneren eine Zuwendungsdestille befindet, die nur durch ein weiteres Holzscheit noch stärker angeheizt werden muss, damit das Feuer noch heißer wird. Und wir schüren es mit aller Entschlossenheit. Was ist dabei unsere typische Strategie, um mit problematischen Beziehungen umzugehen? Wir bemühen uns noch mehr, strengen uns richtig heftig an.

„Mein Ehepartner braucht meine Vergebung? Ich weiß zwar nicht wie, aber er wird sie bekommen."

„Es ist mir egal, wie weh es tut, ich werde nett zu diesem Trottel sein."

„Ich soll meinen Nächsten lieben? Gut, dann werde ich es eben tun."

Also versuchen wir es und geben uns unglaublich viel Mühe. Mit zusammengebissenen Zähnen und fest aufeinander gepressten Kiefern. Wir werden lieben und wenn es uns umbringt! Und genau das kann dabei durchaus herauskommen.

Könnte es vielleicht sein, dass wir in diesem Prozess einen Schritt auslassen? Könnte es vielleicht sein, dass der erste Schritt der Liebe nicht der Schritt auf die anderen zu, sondern der zu Jesus hin ist? Könnte es sein, dass das Geheimnis des Liebens im Empfangen besteht? Man gibt Liebe, indem man sich zuerst lieben lässt, also Liebe empfängt.

„Wir wollen lieben, weil Gott uns zuerst geliebt hat" (1. Johannes 4,19).

Sie sehnen sich danach, liebevoller zu sein? Fangen Sie damit an, indem Sie Ihren Platz als geliebtes Kind einnehmen.

„Weil ihr Gottes geliebte Kinder seid, sollt ihr in allem seinem Vorbild folgen.

Geht liebevoll miteinander um, so wie auch Christus euch seine Liebe erwiesen hat" (Epheser 5,1–2).

Sie möchten lernen zu vergeben? Dann überlegen Sie, wann und wie Sie selbst schon Vergebung erlebt haben. „Seid vielmehr freundlich und barmherzig, immer bereit, einander zu vergeben, so wie Gott euch durch Jesus Christus vergeben hat" (Epheser 4,32).

Es fällt Ihnen schwer, anderen den Vortritt zu lassen? Denken Sie daran, wie Jesus Sie an die erste Stelle gesetzt hat, über sich selbst. „Obwohl er Gott in allem gleich war und Anteil an Gottes Herrschaft hatte, bestand er nicht auf seinen Vorrechten" (Philipper 2,6).

Sie haben nur wenig oder gar keine Geduld? Trinken Sie von der Geduld Gottes (2. Petrus 3,9). Ist Großzügigkeit für Sie eine schwierige Tugend? Dann denken Sie daran, wie großzügig Gott Ihnen gegenüber ist (Römer 5,8). Fällt Ihnen der Umgang mit undankbaren Verwandten oder streitsüchtigen Nachbarn schwer? Gott bleibt auch dann bei Ihnen und liebt Sie kein bisschen weniger, wenn Sie genau so sind. „Denn auch er ist gütig zu Undankbaren und Bösen" (Lukas 6,35).

Können wir nicht auch so lieben?

Nein, ohne Gottes Hilfe können wir das nicht. Na ja, vielleicht schaffen wir es eine Weile auch allein. Vielleicht öffnen wir so wie Simon wenigstens einen Spaltbreit die Tür, aber unsere Beziehungen brauchen mehr als die nötige Einhaltung der allernötigsten gesellschaftlichen Umgangsformen. So mancher Ehepartner könnte eine Fußwaschung gebrauchen und etliche Freunde haben es bitter nötig, dass wir mit ihnen zusammen weinen. Unsere Kinder brauchen es, sanft mit dem Balsam unserer Liebe eingesalbt zu werden.

Wenn wir all dies jedoch selbst gar nicht bekommen haben, wie sollen wir es dann an andere weitergeben? Ohne Gott ist das menschliche Herz „undurchschaubar" und „unheilbar krank" (Jeremia 17,9). Wir verfügen von uns aus nicht über eine Liebe, die eine Ehe retten könnte. Ebenso wenig wie wir über eine Hingabe verfügen, die Freundschaften erhalten und festigen kann. Deshalb brauchen wir Hilfe von außen, eine Art Transfusion. Wollen wir lieben so wie Gott liebt? Dann fangen wir damit am besten an, indem wir zunächst einmal Gottes Liebe annehmen.

Wir Pastoren machen uns immer wieder schuldig, indem wir in unseren Predigten diesen ersten Schritt auslassen. „Liebet einander!", fordern wir die Menschen in unseren Gemeinden auf. „Seid geduldig, freundlich und vergebt einander", drängen wir.

Aber Menschen aufzufordern zu lieben, ohne ihnen zu sagen, dass sie geliebt sind, das ist so, als würde man ihnen sagen, sie sollen einen Scheck ausstellen, ohne dass zuvor Geld auf ihr Konto eingezahlt worden ist. Kein Wunder, dass so viele Beziehungen völlig überstrapaziert sind. Das menschliche Herz verfügt nur über unzureichende Liebe. Der Apostel Johannes ist ein Vorbild für die richtige Reihenfolge. Er zahlt etwas ein, bevor er uns auffordert, einen Scheck auszustellen. Erstens: die Einzahlung:

Gottes Liebe zu uns ist für alle sichtbar geworden, als er seinen einzigen Sohn in die Welt sandte, damit wir durch Christus ein neues und ewiges Leben bekommen.

Das Einzigartige an dieser Liebe ist: Nicht wir haben Gott geliebt, sondern er hat uns seine Liebe geschenkt. Er gab uns seinen Sohn, der alle Schuld auf sich nahm, um uns von unserer Schuld freizusprechen.

1. Johannes 4,9–10

Und nachdem er eine so ungeheuerliche Einzahlung getätigt hat, durch die uns die Augen geöffnet werden, ruft Johannes Sie und mich dazu auf, jetzt unser Scheckbuch zu zücken: „Meine Freunde, wenn uns Gott so sehr liebt, dann müssen auch wir einander lieben" (Vers 11).

Das Geheimnis des Liebens besteht darin, als geliebter Mensch zu leben. Das ist in Beziehungen der so oft vergessene erste Schritt. Erinnern Sie sich noch an das Gebet von Paulus? „In seiner Liebe sollt ihr fest verwurzelt sein; auf sie sollt ihr bauen" (Epheser 3,17). So wie ein Baum die Nährstoffe aus dem Boden zieht, beziehen wir unsere Nahrung vom Vater. Aber was ist, wenn der Baum keine Verbindung mit dem Boden hat?

Daran musste ich gestern denken, als ich den Weihnachtsbaum abgeschmückt habe, meine traditionelle Neujahrspflicht. Ich entferne die vielen Strohsterne, die Lichterkette und den anderen Schmuck, trage den Baum hinaus und fege die Nadeln zusammen. Es sind immer Tausende von Nadeln! Der Baum löst sich praktisch unter meinen Händen in seine Bestandteile auf. Und Schuld daran ist einzig die Tatsache, dass er keine Wurzel mehr hat. Zwei Wochen lang hat der Baum nämlich in einem Metallfuß gesteckt, und welchen Nährwert kann man von einem Tannenbaumständer schon erwarten?

Simon hatte dasselbe Problem. Er ist schön anzusehen, äußerlich wirklich beeindruckend, aber er bricht völlig zusammen, wenn er den einen oder anderen Schups bekommt.

Kommt Ihnen das bekannt vor? Sind Sie nach dem

Aufeinandertreffen mit bestimmten Leuten auch reizbar, empfindlich und klappen leicht zusammen? Wenn ja, dann wurzelt Ihre Liebe vielleicht im falschen Boden. Vielleicht gründet sie in der Liebe dieser anderen Menschen, die launenhaft und unbeständig ist, oder vielleicht auch in unserer Entschlossenheit zu lieben (die ebenfalls ausgesprochen instabil ist). Johannes fordert uns inständig auf, dass wir „fest auf die Liebe *Gottes* vertrauen" (1. Johannes 4,16; Hervorhebung des Autors). Er allein ist die Kraftquelle.

Viele Menschen sagen uns, dass wir lieben sollen, aber nur Gott allein kann uns die Kraft dazu geben, es auch wirklich zu tun.

Wir wissen, was Gott von uns möchte: „Und so lautet Gottes Gebot . . . , dass wir einander lieben" (1. Johannes 3,23). Aber wie können wir das? Wie können wir freundlich sein zu Menschen, die Schwüre brechen oder uns ständig schlecht behandeln? Wie können wir geduldig sein mit Menschen, die so viel Herzenswärme haben wie Geier und so zärtlich sind wie Stachelschweine? Wie können wir den Geldgrabschern und hinterhältigen Messerstechern vergeben, die wir kennen und lieben lernen und häufig sogar heiraten? Wie können wir so lieben wie Gott liebt? Wir möchten es gern. Wir sehnen uns danach. Aber wie sollen wir es denn schaffen?

Indem wir als Geliebte leben. Indem wir das 7,47 Prinzip befolgen: Zunächst lasse man sich lieben, empfange seine Liebe, und dann erst liebe man in einem zweiten Schritt die anderen.

Sie möchten es auf einen Versuch ankommen lassen? Lassen Sie uns diesen Grundsatz einmal auf den Mount Everest der Liebesbriefe übertragen. Es gibt mehr als nur eine Person, die 1. Korinther 13 als dem schönsten Kapitel der Bibel huldigen. Es gibt sonst keine Worte, die liebenden Menschen so nahe gehen. Und den Kern des Kapitels stellen dabei wohl am ehesten die Verse 4–8 dar:

Die Liebe ist geduldig und freundlich. Sie kennt keinen Neid, keine Selbstsucht, sie prahlt nicht und ist nicht überheblich.

Liebe ist weder verletzend noch auf sich selbst bedacht, weder reizbar noch nachtragend.

Diese Liebe erträgt alles, sie glaubt alles, sie hofft alles und hält allem stand.

Einmal werden keine Propheten mehr zu uns sprechen, das Beten in anderen Sprachen wird aufhören, die Erkenntnis der Absichten Gottes mit uns wird nicht mehr nötig sein. Nur eins wird bleiben: die Liebe.

Vor ein paar Jahren forderte mich einmal jemand auf, das Wort Liebe in diesem Abschnitt gegen meinen Namen auszutauschen. Ich tat es und wurde zum Lügner. „Max ist geduldig und freundlich. Max kennt keinen Neid, keine Selbstsucht, er prahlt nicht und ist nicht überheblich . . .“ Das reicht! Schluss jetzt! Das stimmt doch alles gar nicht. Max ist nicht geduldig und freundlich. Fragen Sie meine Frau und die Kinder. Max kann ein ausgewachsener Kotzbrocken sein! Das ist sein Problem.

Und jahrelang war genau das auch wirklich mein Problem mit diesem Abschnitt. Er setzte einen Maßstab, dem ich unmöglich jemals gerecht werden konnte. Niemand kann dem gerecht werden. Niemand außer Jesus Christus. Beschreibt dieser Abschnitt nicht die Maßlosigkeit der Liebe Gottes? Lassen Sie uns doch lieber den Namen Jesu für das Wort Liebe einsetzen und dann feststellen, ob das wahrer klingt.

Jesus ist geduldig und freundlich. Er kennt keinen Neid, keine Selbstsucht, er prahlt nicht und ist nicht überheblich.

Jesus ist weder verletzend noch auf sich selbst bedacht, weder reizbar noch nachtragend.

Jesus freut sich nicht am Unrecht, sondern freut sich, wenn die Wahrheit siegt.

Jesus erträgt alles, Jesus glaubt alles, Jesus hofft alles und hält allem stand.

Statt uns von dieser Bibelstelle an eine Liebe erinnern zu lassen, die wir von uns aus und aus eigener Kraft nicht hervorbringen können, lassen wir uns doch lieber an eine Liebe erinnern, der wir nicht widerstehen können – an die Liebe Gottes.

Manche Menschen haben einen so unglaublichen Durst nach genau dieser Art von Liebe. Diejenigen, die eigentlich die Aufgabe hatten, Sie zu lieben, haben es nicht getan. Menschen, die Sie hätten lieben können, haben es nicht getan. Sie wurden im Krankenhaus allein gelassen, oder jemand hat Sie vor dem Traualtar stehen lassen. Sie blieben mit dem leeren Bett neben sich allein zurück, mit gebrochenem Herzen. Sie wurden zurückgelassen mit der Frage: „Gibt es überhaupt jemanden, der mich liebt?"

Und jetzt hören Sie sich bitte die Antwort des Himmels auf diese Frage an. Gott liebt Sie. Persönlich. Intensiv. Leidenschaftlich. Andere haben genau das versprochen, dabei jedoch versagt. Gott hat es versprochen, und er ist nicht nur in der Lage, sein Versprechen zu halten, sondern er schafft es auch. Er liebt Sie mit unendlicher, unerschöpflicher Liebe. Seine Liebe kann Sie erfüllen – vorausgesetzt Sie lassen es zu – und bei Ihnen eine Liebe hervorbringen, die es wert ist, an andere weitergegeben zu werden.

Also kommen Sie. Kommen Sie durstig und trinken Sie in tiefen Zügen.

Das Flaggschiff der Liebe

Die Liebe ist geduldig.
1. Korinther 13,4

Geduld ist der rote Teppich,
auf dem sich die Gnade Gottes uns nähert.

Sehen Sie die Leute, die sich in ihrem Haus verstecken? Das sind wir. Die Leute, die sich hinter der Kellertreppe verbergen? Das sind Sie und ich. Wir verstecken uns vor den Angestellten der Inkassofirma. Dies ist der Abend der Vertreibung. Die Bank hat uns noch einen einzigen Tag Frist eingeräumt, um unsere Hypothek zu bezahlen. Vertreter der Kreditkartenunternehmen lagern in unserem Vorgarten. Kredithaie haben unsere Nummer für die Schnellwahl in ihren Handys gespeichert. Aber wir sind pleite. Wir haben unsere letzte Lebensmittelmarke verhökert, das Wasser ist abgedreht, das Auto wieder abgeholt worden, die Möbel sind auch schon weg und jetzt steht der Gerichtsvollzieher vor der Tür. Er will überfällige Steuern eintreiben.

„Ich weiß, dass Sie da drin sind. Machen Sie auf!"

Also tun wir, was er gesagt hat. Er teilt uns mit, wie viel wir schuldig sind; wir erinnern ihn daraufhin daran, dass man einem nackten Mann nicht in die Taschen greifen kann. Er erwähnt das Gefängnis und an diesem Punkt angekommen, schreckt einen ein warmes Bett jenseits des Zugriffs der Gläubiger eher wenig.

Genau in dem Augenblick, als er den Polizisten einschalten will, den er als Verstärkung dabei hat, klingelt sein Handy. Es ist Washington. Der Präsident möchte gerne kurz mit uns sprechen, möchte eine Erklärung von uns. Wir haben keine. Keine Verteidigung. Nur die Bitte um Geduld. Er hört schweigend zu und bittet uns dann, ihm noch einmal den Gerichtsvollzieher zu geben.

Während der Präsident redet, nickt dieser und sagt: „Jawohl, Herr Präsident. Ja natürlich . . . ja selbstverständlich." Er beendet das Gespräch, steckt sein Handy weg und sieht zuerst Sie an und dann mich. „Ich weiß nicht, wen Sie alles kennen und über welche Beziehungen Sie verfügen, aber Ihre Schulden sind bezahlt worden", sagt er, zerreißt alle Papiere, die er dabei hat und lässt die Schnipsel einfach fallen.

Vielleicht wussten Sie ja gar nicht, dass Gott genau das für uns getan hat. Vielleicht hat Ihnen nie jemand etwas von „Gottes Güte, Geduld und anhaltender Fürsorge" (Römer 2,4) erzählt. Kann sein, dass Sie gerade eingedöst waren, als der Pastor Psalm 103, 8 vorgelesen hat, wo es heißt: „Barmherzig und gnädig ist der Herr, groß ist seine Geduld und grenzenlos seine Liebe!" Wenn das zutrifft, kein Wunder, dass Sie so gereizt sind. Kein Wunder, dass Sie ungeduldig sind. Ein Bankrott kann auch den allerbesten unter uns die Laune verderben. Wissen Sie, was Sie tun sollten?

Treten Sie vor Ihre Haustür. Stellen Sie sich genau da hin, wo die Typen vom Finanzamt und der Gerichtsvollzieher gestanden haben und sehen Sie sich die Papiere an – zerrissene Papierschnipsel, über den ganzen Rasen verstreut. Sehen Sie sich den Beweis der Geduld Gottes an.

Sie waren hoch verschuldet!

All die Male, bei denen Sie beim Fluchen seinen Namen verwendet haben? Gott hätte Sie ohne weiteres hochgehen lassen können. Aber er hat es nicht getan. Er war geduldig.

All die Tausende von Sonnenuntergängen, für die Sie ihm nicht gedankt haben. Er hätte die Schönheit der Natur für Sie rationieren können. Aber das hat er nicht getan. Er war geduldig.

All die Sonntage, an denen Sie zum Gottesdienst gegangen sind, um Ihre neuen Kleider vorzuführen. Wirklich ein Wunder, dass er Sie vor den anderen nicht nackt ausgezogen hat. Aber er hat es nicht getan, weil er geduldig mit Ihnen ist.

Und dann, ach du liebe Güte, all die Versprechungen: „Wenn du mich hier rausholst, werde ich nie wieder lügen."

„Du kannst von jetzt an darauf zählen, dass ich mich zu dir bekenne."

„Mit diesen Wutausbrüchen ist jetzt ein für alle Mal Schluss, Herr."

Gute Güte. Hätte Gott nicht wirklich allen Grund, uns einfach hängen zu lassen?

Aber er tut es trotzdem nicht. Warum nicht? Weil Gott „Geduld mit euch hat" (2. Petrus 3,9).

Paulus stellt Geduld als den höchsten Ausdruck von Liebe dar. An der Spitze der Liebesflotte des Apostels postiert – eine Bootslänge oder zwei noch vor Freundlichkeit, Höflichkeit und der Bereitschaft zu vergeben – Geduld ist das Flaggschiff.

„Die Liebe ist geduldig" (1. Korinther 13,4).

Das Wort, das hier im griechischen Original für *Geduld* steht, ist ein beschreibendes. Wörtlich bedeutet es: langsam den Siedepunkt erreichen. Denken Sie an einen Topf mit kochendem Wasser. Welche Faktoren bestimmen, wie schnell es kocht? Die Küchengeräte haben vielleicht Einfluss darauf, aber der entscheidende Faktor ist die Intensität der Hitzezufuhr. Wasser kocht schneller, je heißer die Herdplatte ist. Es kocht langsamer, je niedriger die Temperatur der Platte ist. Geduld „hält die Temperatur niedrig".

Das ist eine hilfreiche Erklärung, finden Sie nicht? Geduld ist nicht naiv, denn sie ignoriert unser Fehlverhalten nicht, aber sie sorgt dafür, dass die Hitzezufuhr gleich bleibend moderat bleibt. Sie wartet. Sie hört zu. Sie gelangt langsam zum Siedepunkt. So geht Gott mit uns um. Und wenn es nach Jesus geht, sollen wir auch mit unseren Mitmenschen so umgehen.

Er hat einmal ein Gleichnis erzählt von einem König, der beschließt, bei zwei von seinen Schuldnern die Schulden einzutreiben. Seine Buchhalter stoßen beim Recherchieren auf einen Typen, der nicht Hunderte oder Tausende oder Hunderttausende von Euro Schulden hat, sondern etliche Millionen. Der König erklärt dazu zusammenfassend, dass der Mann sowie seine Frau und die Kinder zur Begleichung der Schulden verkauft werden sollen. Wegen seiner Zahlungsunfähigkeit ist der Mann im Begriff alles, wirklich alles zu verlieren, was ihm lieb und teuer ist. Kein Wunder, dass es dort weiter heißt:

Doch der Mann fiel vor dem König nieder und flehte ihn an: „Herr, hab noch etwas Geduld! Ich will ja alles bezahlen."

Da hatte der König Mitleid. Er gab ihn frei und erließ ihm seine Schulden.

Matthäus 18,26–27

An dieser Stelle hat das Wort *Geduld* einen Überraschungsauftritt. Der Schuldner bittet nicht um Erbarmen oder Vergebung, sondern er bittet um Geduld. Genauso seltsam ist an dieser Stelle, dass der Begriff nur ein einziges Mal auftaucht. Jesus verwendet ihn zwei Mal in der gesamten Geschichte und dann nie wieder. Er taucht sonst an keiner Stelle in den Evangelien auf. Vielleicht ist der sparsame Gebrauch dieses Wortes die Entsprechung des ersten Jahrhunderts zu unserem modernen Textmarker. Jesus reserviert dieses Wort, um eine ganz bestimmte Sache hervorzuheben. Geduld ist mehr als eine Tugend in langen Warteschlangen und bei langsamen Kellnern. Geduld ist der rote Teppich, auf dem sich uns die Gnade Gottes nähert.

Ohne Geduld gäbe es kein Erbarmen. Aber der König war geduldig und dem Mann mit den Millionen von Euro Schulden wurden seine Schulden erlassen.

Doch dann macht die Geschichte eine scharfe Linkskurve. Der Mann, dem gerade alle Schulden erlassen worden sind, geht schnurstracks vom Gerichtsgebäude in einen der Vororte der Stadt, wo er einen Mann aufsucht, der ihm vergleichsweise eine eher geringe Geldsumme schuldet.

Kaum war der Mann frei, ging er zu einem Mitarbeiter, der ihm einen kleinen Betrag schuldete, packte ihn und schrie: „Bezahle jetzt endlich deine Schulden!"

Da fiel dieser Arbeiter vor ihm nieder und bettelte: „Hab noch etwas Geduld! Ich will ja alles bezahlen!"

Aber der Verwalter wollte nicht warten und ließ ihn ins Gefängnis bringen, bis er alles bezahlt hätte.
Matthäus 18,28–30

Als das der König erfährt, ist er wie vom Donner gerührt. Wie kann der Mann nur so ungeduldig sein? Wie kann er es *wagen*, so ungeduldig zu sein? Der Stempel mit dem ERLEDIGT auf den Rechnungen des Mannes ist noch nicht einmal ganz trocken. Könnte man da nicht ein etwas „Mutter-Teresa-mäßigeres" Verhalten von ihm erwarten? Man sollte doch eigentlich meinen, dass jemand, dem so viel erlassen worden ist, auch viel erlässt. Aber das ist bei diesem Menschen nicht so. Und seine mangelnde Liebe führt zu einer verhängnisvollen Fehlentscheidung, die ihn teuer zu stehen kommt.

Der Diener, der nicht vergeben will, wird noch einmal vor den König zitiert.

Der König ließ den Mann, dem er die Schulden erlassen hatte, zu sich kommen und sagte: „Was bist du doch für ein hartherziger Mensch! Deine ganze Schuld habe ich dir erlassen, weil du mich darum gebeten hast.

Hättest du da nicht auch mit deinem Mitarbeiter Erbarmen haben können, so wie ich mit dir?"

Zornig übergab er ihn den Folterknechten. Sie sollten ihn erst dann wieder freilassen, wenn er alle seine Schulden zurückgezahlt hätte.
Matthäus 18,32–34

Die Geduld des Königs hatte im Leben dieses Mannes nichts verändert. Für den Verwalter war die Gnade des Königs nur so etwas wie eine ausgefallene Klassenarbeit, ein Rohrkrepierer, eine „Sie-kommen-aus-dem-Gefängnis-frei-Karte" beim Monopoly. Er war nicht verwundert oder gar überwältigt von der königlichen Gnade, sondern lediglich erleichtert darüber, dass die Strafe entfiel. Er erfuhr viel Geduld, hatte aber selbst keine, was uns nun zu der Frage führt, ob er eigentlich begriffen hatte, was für ein Geschenk ihm da zuteil geworden war.

Wenn es Ihnen schwer fällt, geduldig zu sein, dann stellen Sie sich vielleicht dieselbe Frage. Wie stark hat die Geduld Gottes bereits auf Sie abgefärbt? Sie haben davon gehört. Sie haben darüber gelesen. Vielleicht haben Sie beim Bibellesen Abschnitte unterstrichen, in denen es um Gottes Geduld geht. Aber haben Sie diese Geduld auch angenommen, haben Sie sie wirklich empfangen? Ob das zutrifft können Sie daran erkennen, ob Sie selbst mit sich und anderen geduldig sind. Zutiefst angenommene Geduld führt immer zu großzügig gewährter Geduld.

Wenn man aber selbst nie Geduld erfahren hat, führt das zu einer Vielzahl von Problemen, von denen ein Aufenthalt im Gefängnis vielleicht noch nicht einmal das kleinste ist. Erinnern Sie sich noch, wohin der König seinen Diener schickte? Er schickte ihn zurück ins Gefängnis und zwar so lange, bis alle seine Schulden beglichen waren (vgl. Matthäus 18,34).

Puuuh! Seufzen wir erleichtert. *Gut, dass die Geschichte nur ein Gleichnis ist. Es ist schon gut, dass Gott im wirklichen Leben ungeduldige Leute nicht ins Gefängnis steckt.* Aber seien Sie sich da nur nicht zu sicher. Das ständige Drehen um sich selbst und chronische Undankbarkeit führen zu dicken Mauern und einsamen Gefängnissen.

Ungeduld sperrt die Seele immer noch ein. Aus diesem Grund ist unser Gott schnell zur Stelle, wenn es darum geht, uns dabei zu helfen, sie zu vermeiden. Er verlangt nicht nur Geduld von uns, sondern geht viel weiter, indem er sie uns selbst gewährt. Geduld ist eine Frucht des Geistes. Sie hängt an dem Baum aus Galater 5,22: „Dagegen bringt der Heilige Geist in unserem Leben nur Gutes hervor: Liebe und Freude, Frieden und

Geduld, Freundlichkeit, Güte und Treue, Besonnenheit und Selbstbeherrschung."

Haben Sie Gott schon darum gebeten, Ihnen Früchte zu geben? *Na ja, das habe ich zwar schon mal getan, aber* . . . Aber was? Sind Sie . . . also sind Sie inzwischen geduldig geworden? Bitten Sie ihn immer und immer und immer wieder darum. Er verliert nicht die Geduld, wenn Sie hartnäckig weiter bitten, und in Ihrem Beten werden Sie Geduld bekommen.

Und während Sie beten, bitten Sie um Verstehen. „Wer geduldig ist, der ist weise" (Sprüche 14,29 L). Kann es sein, dass Ihre Ungeduld an mangelndem Verstehen liegt? Bei mir jedenfalls ist das so.

Vor einiger Zeit nahmen die Mitarbeiter unserer Gemeinde an einem Leiterschaftskongress teil. Weil ich auf diesem Kongress an einem ganz bestimmten Seminar interessiert war, kam ich sehr rechtzeitig und ergatterte auch wirklich einen Platz in der ersten Reihe. Als aber der Referent begann, wurde ich durch ein ständiges Raunen im hinteren Teil des Saales abgelenkt. Dort saßen zwei Männer, die ununterbrochen miteinander flüsterten. Ich zog gerade ernsthaft in Erwägung, ihnen über die Schulter einen entrüsteten Blick zuzuwerfen, als der Referent eine Erklärung abgab.

„Entschuldigen Sie bitte", sagte er, „ich habe vergessen Ihnen zu sagen, warum die beiden Männer dort hinten die ganze Zeit reden. Einer von ihnen ist Ältester in einer neu gegründeten Gemeinde in Rumänien. Er ist hier, um etwas über Gemeindeleitung zu lernen, aber weil er kein Englisch versteht, wird mein Referat für ihn übersetzt."

Und plötzlich war alles anders. Ungeduld wich Geduld. Warum war das so? Weil Geduld immer auch mit Verstehen zu tun hat. In den Sprüchen steht: „Ein verständiger Mensch schweigt stille" (Sprüche 11,12) und außerdem sagt er: „Ein vernünftiger mäßigt seine Rede" (Sprüche 17,27 L). Achten Sie auf den Zusammenhang zwischen Verstehen und Geduld an dieser Stelle. Hören Sie doch lieber erst einmal zu, bevor Sie explodieren. „Durch Weisheit wird ein Haus gebaut und durch Verstand wird es erhalten" (Sprüche 24,3 L).

Liebe ist vor allem eins: geduldig.

Zur Veranschaulichung dieses Sachverhaltes anhand eines Beispiels folgen Sie mir bitte nach Paris. Man schreibt das Jahr 1954. Elie Wiesel arbeitet als Korrespondent bei einer jüdischen Zeitung. Er hat zehn Jahre in einem Konzentrationslager verbracht. Ein weiteres Jahrzehnt später sollte er bekannt werden durch sein Buch *Die Nacht*, einen Bericht über den Holocaust, für den er den Pulitzerpreis bekommen wird. Ihm wird außerdem die *Congressional Medal of Achievement* verliehen und schließlich der Friedensnobelpreis.

An dem besagten Abend jedoch ist Elie Wiesel ein 26 Jahre alter unbekannter Zeitungskorrespondent. Er ist im Begriff, den französischen Autor Francois Mauriac zu interviewen, einen gläubigen Christen. Mauriac ist der jüngste Nobelpreisträger für Literatur und ein ausgewiesener Experte auf dem Gebiet des politischen Lebens in Frankreich.

Wiesel kommt in Mauriacs Wohnung an, nervös und kettenrauchend – seine Nerven liegen durch den Schrecken, den er in Deutschland erlebt hat, immer noch blank. Als Schriftsteller ist er völlig unbekannt. Der ältere Mauriac versucht zu erreichen, dass Wiesel sich entspannen kann. Er bittet den Journalisten herein und die beiden nehmen in einem kleinen Zimmer Platz. Bevor Wiesel jedoch überhaupt eine Frage stellen kann, beginnt Mauriac, ein gestandener Katholik, über sein Lieblingsthema zu reden: Jesus. Wiesel empfindet zunehmend Unbehagen. Der Name Jesus ist für ihn, als würde man mit dem Daumen auf eine entzündete Wunde drücken.

Wiesel versucht deshalb das Gespräch in andere Bahnen zu lenken, was ihm jedoch nicht gelingt. Es ist, als würde alles in der gesamten Schöpfung immer wieder auf Jesus zurückführen. Jerusalem? Jerusalem ist der Ort, wo Jesus gewirkt hat. Das Alte Testament? Dank Jesus wird das Alte jetzt durch das Neue Testament bereichert. Mauriac wendet jedes Thema so, dass irgendwann der Messias dessen Mittelpunkt ist. Langsam steigt Zorn in Wiesel auf. Der christliche Antisemitismus, mit dem er aufgewachsen ist, die Schichten der Trauer und des Schmerzes aus Sighet, Auschwitz und Buchenwald – das alles kocht über. Er legt seinen Stift weg, klappt sein Notizbuch zu und steht zornig auf.

„Mein Herr", sagt er zum immer noch sitzenden Mauriac, „Sie sprechen von Christus. Christen sprechen gern über ihn. Das Leiden Christi, die Qualen Christi, der Tod Christi. In Ihrer Religion ist das alles, worüber Sie sprechen. Nun, ich möchte, dass Sie wissen, dass ich ungefähr vor zehn Jahren nicht weit von hier jüdische Kinder gekannt habe, von denen jedes einzelne tausend Mal, sechs Millionen Mal mehr gelitten hat als Jesus am Kreuz. Und über sie sprechen wir nicht. Verstehen Sie das? Über sie sprechen wir nicht." [1]

Mauriac ist wie vom Donner gerührt. Wiesel dreht sich um und geht zur Tür hinaus. Mauriac sitzt völlig konsterniert da, immer noch in eine Wolldecke eingehüllt. Der junge Reporter drückt gerade den Fahrstuhlknopf, als Mauriac im Hausflur erscheint. Sanft berührt er Wiesels Arm.

„Kommen Sie zurück", bittet er ihn inständig.

Wiesel erklärt sich bereit und die beiden setzen sich aufs Sofa. An dieser Stelle fängt Mauriac an zu weinen. Er sieht Wiesel an, sagt aber nichts. Nur Tränen.

Wiesel fängt an, sich zu entschuldigen, aber davon will Mauriac nichts wissen, sondern drängt stattdessen seinen jungen Freund zu reden. Er möchte mehr darüber erfahren – die Lager, die Züge, die Tode. Er fragt

Wiesel, wieso er das alles nicht aufschreibt. Wiesel antwortet, dass der Schmerz dazu einfach zu gewaltig ist. Er hat sich geschworen zu schweigen. Der ältere Mann sagt ihm, er solle diesen Eid brechen und reden.

Dieser Abend verändert die beiden Männer. Der dramatische Beginn ihrer Begegnung wird zur Grundlage einer lebenslangen Freundschaft. Sie schrieben einander bis zu Mauriacs Tod im Jahre 1970.

„Ich verdanke Francois Mauriac meine Karriere", hat Wiesel einmal gesagt . . . und sein erstes Manuskript von seinem preisgekrönten Buch *Die Nacht* schickte er an Mauriac.[2]

Was, wenn Mauriac es bei der geschlossenen Tür belassen hätte? Niemand hätte es ihm wirklich verübeln können. Getroffen durch die scharfen Worte Wiesels hätte er doch auch ungeduldig werden können mit diesem zornigen jungen Mann und froh sein können, ihn endlich los zu sein. Aber so reagierte er eben nicht, sondern entschlossen, schnell und vor allem liebevoll. Er gelangte „langsam zum Siedepunkt". Und weil das so war, konnte für ihn ein innerer Heilungsprozess beginnen.

Darf ich Sie dringend darum bitten, sich genau so zu verhalten?

„Gott ist geduldig mit euch" (2. Petrus 3,9). Und wenn Gott geduldig mit Ihnen ist, können Sie nicht ein wenig von dieser Geduld auch an andere weitergeben? Natürlich können Sie das. Denn vor allem anderen gilt:

Die Liebe ist geduldig.

Ihr Freundlichkeitsquotient

Die Liebe ist freundlich.
1. Korinther 13,4

Die Freundlichkeit Jesu.
Wir denken schnell an seine Macht,
seine Leidenschaft, seine Hingabe.
Aber diejenigen, die ihm nah sind,
wussten und wissen,
dass Gott im Mantel der Freundlichkeit kommt.

An diesem Morgen waren drei Nachrichten auf meinem Anrufbeantworter. Alle drei Anrufer hatten dasselbe Anliegen. Sie hatten vom Thema dieses Kapitels erfahren und wollten etwas dazu beitragen. Gott war freundlich zu ihnen gewesen. Sie wollten eine Geschichte weitergeben und ich lud sie zu mir ein.

Als Erstes kam ein frisch gebackenes Ehepaar. Beide wiesen deutliche Anzeichen für die erst kürzlich stattgefundene Hochzeit auf – sie war dünn, weil sie so viel abgenommen hatte; er staunte immer noch mit großen Augen über die Braut, die er für sich hatte gewinnen können. Ganz nah beieinander auf der Couch sitzend erzählten sie mir ihre Geschichte, wobei sie sehr viel mehr redete als er. Er nickte und lächelte und beendete ihre Sätze, wenn sie Luft holen musste.

„Meine Mutter und Maria sind schon seit ihrer Kindheit Freundinnen. Deshalb haben wir auch Maria und Jesus zu unserer Hochzeit eingeladen."

„Meine Frau kannte Jesus noch aus der Zeit, als er den Familienbetrieb leitete", fügte er erklärend hinzu.

„Wir waren begeistert, als Jesus kam. Ein bisschen überrascht allerdings auch darüber, dass er einen ganzen Haufen Freunde einfach so mitbrachte."

„Fünfzehn waren es etwa oder vielleicht sogar zwanzig", warf er ein.

„Aber das war auch völlig in Ordnung, denn schließlich gehörte Jesus ja praktisch zur Familie. Und außerdem amüsierten sich alle prächtig, auch noch lange nach der Trauung saßen die Gäste beieinander, aßen und tranken."

„Tranken ein bisschen viel", erklärte der Bräutigam. „Ja, der Wein war schon bald ausgegangen und die Diener wurden nervös, weil die Gäste immer noch weiter feiern wollten."

Die junge Frau rutschte ein wenig vor, sodass sie jetzt nur noch auf der Sofakante saß. „Ich habe von dem

Problem gar nichts mitbekommen, erst als es gelöst war, habe ich davon erfahren. Mir hat niemand etwas gesagt. Aber Jesus hat es erfahren und er hat sich darum gekümmert. Er hat nicht nur mehr Wein hergestellt, sondern sogar besseren!" Weiter berichtete sie, dass der Mann, der mit der Organisation der Hochzeit beauftragt gewesen war, gesagt habe, der Wein habe so geschmeckt, wie der einhundert Euro teure Bordeaux, den er einmal bei einer Weinprobe gekostet habe.

Der junge Mann rutschte jetzt ebenfalls auf die Sofakante vor, sodass er und seine Frau wieder auf gleicher Höhe saßen. „Es ist Folgendes, was uns so sehr beeindruckt." Während er sprach, sah sie ihn an und nickte, so als wüsste sie schon genau, was er jetzt sagen wollte. „Das hier ist sein erstes Wunder, nicht wahr? Sein Debüt sozusagen und er vollbringt es hier! Um uns davor zu bewahren, als geizige Gastgeber dazustehen."

„Er hätte das ja gar nicht zu tun brauchen", unterbrach sie. „In unserer Stadt gab es genügend kranke und arme Leute. Also eine Totenauferweckung hätte mit Sicherheit für Schlagzeilen gesorgt, aber er hat sein erstes Wunder auf einer geselligen Veranstaltung getan. War das nicht freundlich von ihm?" Sie lächelte. Er lächelte.

Und ich lächelte auch.

Kaum hatte sich das junge Paar verabschiedet, kam ein Geschäftsmann herein. Sagte, sein Name sei Zachäus. Ein kleiner Typ im italienischen Designeranzug. Braungebrannt, makellose Zähne, Rolex-Uhr, Sonnenbrille von Joop. Man sah ihm an, dass er es geschafft hatte.

„Lassen Sie sich bloß nicht durch den äußeren Schein täuschen", sagte er. „Ich hatte Knete, aber keine Freunde. Hab mir dieses Riesenhaus am Stadtrand gebaut. Aber es ist nie jemand vorbeigekommen, nicht mal die Zeugen Jehovas. Und ich kann es ihnen nicht mal verdenken. Ich hab das Ganze nämlich mit Geld finanziert, das ich von ihren Steuern abgezweigt habe. Mich hat nie jemand besucht bis zu dem Tag, als Jesus gekommen ist. ‚Heute komme ich in dein Haus‘, hat er angekündigt. Und das auch noch mitten in der Stadt, wo alle es hören konnten. Das hätte er doch gar nicht nötig gehabt, wissen Sie? Nur ein paar Straßen weiter gab es ein nettes Lokal, wo man auch etwas zu essen bekommen hätte, ich hätte ihm auch gern ein Mittagessen im Club spendiert. Aber nein, er wollte unbedingt zu mir nach Hause kommen. Und er wollte auch, dass jeder es mitbekam. Seine Unterschrift ist die erste in meinem Gästebuch. Das war doch freundlich von ihm, finden Sie nicht? Unglaublich freundlich.“

Später am selben Tag kam noch eine Frau vorbei. Mittleres Alter, schon leicht angegrautes Haar, das sie straff zurückgebunden trug. Sehr schlicht gekleidet. Ein bisschen erinnerte sie mich an eine Schulsekretärin. Das Gesicht war faltig und ernst. Sie sagte, sie sei seit zwölf Jahren krank. HIV positiv.

„Das ist eine lange Zeit“, sagte ich.

Lange genug, so stimmte sie mir zu, um keine neuen Ärzte mehr finden zu können, die ihr noch helfen konnten, lange genug, dass ihr das Geld ausgegangen sei und dann irgendwann auch die Hoffnung. Aber das Schlimmste von allem war, dass sie auch keine Freunde mehr hatte.

„Sie hatten Angst vor mir“, sagte sie. „Vor allem Angst, sich anzustecken. Meine Gemeinde hat mich zwar nicht rausgeworfen, aber weitergeholfen hat sie mir auch nicht. Ich war jahrelang nicht zu Hause gewesen, habe in einer Notunterkunft gelebt. Aber dann kam Jesus in die Stadt. Er war unterwegs, um die Tochter des Bürgermeisters zu behandeln, die im Sterben lag. Die Leute standen so dicht gedrängt, dass kaum ein Durchkommen war, aber ich war wirklich verzweifelt.“

Sie erzählte, wie sie Jesus zunächst mit etwas Abstand gefolgt war. Dann hatte sie sich etwas näher an

ihn herangearbeitet, war dann aber wieder zurückge-
treten, aus Angst, erkannt zu werden. Sie erzählte, wie
sie sich hinter einem breitschultrigen Mann versteckt
und sich dann in seinem Windschatten vorgearbeitet
hatte „bis nur noch zwei Leute zwischen ihm und mir
waren. Ich zwängte meinen Arm zwischen den Leuten
hindurch und berührte seine Jacke. Nicht, um ihn fest-
zuhalten, sondern einfach, um ihn zu berühren. Und in
dem Augenblick, als ich das tat, ging eine Veränderung
in meinem Körper vor, und zwar auf der Stelle. Mein Gesicht wurde ganz warm und ich konnte tief atmen. Mein
Rücken schien gerade zu werden und ich richtete mich
auf. Ich blieb stehen und ließ die Menschen an mir vor-
beiströmen, aber auch er blieb jetzt stehen. ‚Wer hat
mich berührt?‘, fragte er. Ich schlängelte mich wieder
hinter den breitschultrigen Mann und sagte nichts.
Während er und die Menge auf eine Antwort warteten,
klopfte mein Herz heftig. Lag es an der Heilung? War es
Angst? Oder beides zusammen? Ich wusste es nicht.
Und dann fragte er noch einmal: ‚Wer hat mich berührt?‘ Er klang nicht wütend, sondern eher neugierig.
Also meldete ich mich. Meine Stimme zitterte ebenso
sehr wie meine Hände. Der große Mann vor mir trat einen Schritt zur Seite. Jesus trat vor und ich erzählte
ihm die ganze Geschichte.“

„Die ganze Geschichte?“ fragte ich.

„Die ganze Geschichte“, antwortete sie.

Ich versuchte, mir diesen Augenblick vorzustellen.
Wie all die Leute warteten, während Jesus ihr zuhörte.
Die wartende Menschenmenge. Die wartenden Stadtho-
noratioren. Ein Mädchen lag im Sterben, die Menschen
drängelten, die Jünger stellten Fragen, aber Jesus . . .
Jesus hörte zu. Hörte sich die ganze Geschichte an. Das
hätte er nicht zu tun brauchen. Die Heilung allein hätte genügt. Hätte jedenfalls ihr genügt und hätte auch
der Menge genügt. Aber ihm genügte sie noch nicht. Jesus wollte mehr, als ihren Körper heilen. Er wollte ihre

Geschichte hören – und zwar die ganze Geschichte. Wie war das freundlich! Durch das Heilungswunder wurde ihre Gesundheit wieder hergestellt und durch seine Freundlichkeit ihre Würde.

Und was er als Nächstes tat, vergaß die Frau nie. „Als hätte er nicht schon genug getan" – und jetzt stiegen ihr Tränen in die Augen – „nannte er mich Tochter. ‚Sei getrost, Tochter, dein Glaube hat dich geheilt. Geh hin in Frieden.' Mir wurde gesagt, dass er bei niemandem sonst diese Worte gesagt hat. Nur zu mir."[1]

Nachdem sie gegangen war, schaute ich nach. Sie hatte Recht.

Die Freundlichkeit Jesu. Wir denken schnell an seine Macht, seine Leidenschaft und seine Hingabe. Aber diejenigen, die ihm nah sind, wussten und wissen, dass Gott im Mantel der Freundlichkeit kommt. Er ist so freundlich, sich um ein Missgeschick zu kümmern, so freundlich, mit einem Gauner in dessen Haus zu Mittag zu essen und so freundlich, eine leidgeprüfte Frau zu beschenken und zu segnen.

„Die Liebe ist freundlich", schreibt Paulus.

Nehemia stimmt darin mit ihm überein: „Du aber bist ein Gott, der vergibt, voll Liebe und Erbarmen bist du, voll Geduld und von grenzenloser Güte" (Nehemia 9,17).

David stimmt zu: „Denn deine Güte ist besser als das Leben" (Psalm 63,3).

Paulus schreibt: „Aber dann haben wir Gottes Liebe und Güte erfahren durch unseren Erlöser und Retter Jesus Christus" (Titus 3,4).

Er ist überschwänglich, wenn er ankündigt: „So will Gott in seiner Liebe zu uns, die in Jesus Christus sichtbar wurde, für alle Zeiten die Größe seiner Gnade zeigen. Denn nur durch seine unverdiente Güte seid ihr vom Tod errettet worden. Ihr habt sie erfahren, weil ihr an Jesus Christus glaubt. Aber selbst dieser Glaube ist ein Geschenk Gottes" (Epheser 2,7–8).

Aber die Einladung von Jesus selbst ist der wunderbarste Beweis für die Freundlichkeit und Güte des Himmels:

Kommt alle her zu mir, die ihr euch abmüht und unter eurer Last leidet! Ich werde euch Frieden geben.

Nehmt meine Herrschaft an und lebt darin! Lernt von mir! Ich komme nicht mit Gewalt und Überheblichkeit. Bei mir findet ihr, was eurem Leben Sinn und Ruhe gibt.

Ich meine es gut mit euch und bürde euch keine unerträgliche Last auf.

Matthäus 11,28–30

Bauern im alten Israel trainierten junge Ochsen, indem sie sie mit einem erfahrenen älteren Tier in ein Joch spannten. Die Gurte bei dem älteren Tier wurden fest angezogen, es trug die Last also quasi allein. Bei dem jüngeren Tier saß das Joch locker. In diesem Vers sagt Jesus: „Ich gehe neben dir. Wir gehen beide unter demselben Joch. Aber ich trage die Last und ziehe das Gewicht."

Ich frage mich, wie viele unserer Lasten Jesus trägt, ohne dass wir es auch nur ahnen. Von manchen wissen wir. Er trägt unsere Sünde. Er trägt unsere Schande. Er trägt unsere ewige Schuld. Aber gibt es darüber hinaus noch andere Lasten? Hat er Ängste von uns genommen, bevor wir sie überhaupt wahrgenommen haben? Hat er unsere Verwirrung getragen, damit wir nicht selbst mit ihr fertig zu werden brauchten? Die Gelegenheiten, bei denen wir selbst überrascht waren, was für einen tiefen inneren Frieden wir empfanden? Könnte es vielleicht sein, dass Jesus unsere eigene Ängstlichkeit auf seine Schultern genommen und dafür ein Joch der Freundlichkeit auf unsere gelegt hat?

Und wie oft danken wir ihm für seine Freundlichkeit? Nicht oft genug jedenfalls. Aber hindert ihn unsere Undankbarkeit daran, weiter freundlich zu uns zu sein? Nein. „Denn auch er ist gütig zu Undankbaren und Bösen" (Lukas 6,35).

Im Original hat das Wort Freundlichkeit noch eine zusätzliche Bedeutung, die in der deutschen Übersetzung nicht zum Ausdruck kommt. In erster Linie bezieht es sich auf einen Akt der Gnade. Aber es hat auch zu tun mit einer Tat oder Person, die „nützlich, dienstbar, ihrem Zweck dienlich ist."[2]

Der Begriff Freundlichkeit wurde sogar zur Beschreibung von Lebensmitteln verwendet, die nicht nur gut schmecken sondern darüber hinaus auch noch gesund sind. Das klingt für unsere Ohren wahrscheinlich ziemlich sonderbar. „Hey mein Schatz, das Essen war wirklich toll. Und der Salat war heute besonders *freundlich*."

Aber dieser Gebrauch macht dennoch Sinn. Ist nicht Freundlichkeit an sich schon etwas Gutes und außerdem auch noch gut für uns? Angenehm und nützlich? Freundlichkeit sagt nicht nur guten Morgen, sondern kocht außerdem noch den Kaffee. Und noch einmal – passt diese Beschreibung nicht auch haargenau auf Jesus? Er kam nicht nur zu der Hochzeit, sondern er rettete das Fest und die Gastgeber vor der Blamage. Er heilte die Frau nicht nur, sondern er begegnete ihr mit Achtung und stellte dadurch ihre Würde wieder her. Er rief Zachäus nicht nur beim Namen, sondern er ging zu ihm hin und besuchte ihn in seinem Haus.

Und geht er nicht mit Ihnen ganz ähnlich um? Hat er Ihnen nicht schon aus der einen oder anderen Patsche geholfen? Ist er nicht auch zu Ihnen nach Hause gekommen? Und ist er jemals zu müde, um sich Ihre Geschichte anzuhören, und zwar ganz bis zum Schluss? In der Bibel steht: „Wer ist weise und behält dies? Der wird merken, wie viel Wohltaten der Herr erweist" (Psalm 107,43 L). Ist Gott nicht freundlich zu Ihnen? Und weil Gott so freundlich zu Ihnen ist (Sie wissen sicher, was ich jetzt sagen will), können Sie da nicht auch freundlich zu anderen sein?

Paulus' Frage ist an uns alle gerichtet: „Oder verachtet ihr etwa Gottes Güte, Geduld und anhaltende Fürsorge? Erkennt ihr denn nicht, dass gerade diese Güte euch zur Umkehr bringen will?" (Römer 2,4). Umkehr von was? Ganz sicher von Gottlosigkeit, Auflehnung und Sünde. Aber können wir nicht ebenso auch feststellen, dass die Freundlichkeit Gottes zur Umkehr von unserer Unfreundlichkeit führt?

So mancher denkt vielleicht, dass all dieses Gerede über Freundlichkeit, na ja, vielleicht ein bisschen . . . schwächlich oder wehleidig klingt. Besonders Männer schätzen die eher dramatisch anmutenden Tugenden – Mut, Hingabe und visionäre Leiterschaft. Wir nehmen an Kongressen und Seminaren über Gemeindeaufbaustrategien und Teambildung teil, aber ich kann von mir nicht behaupten, dass ich schon einmal ein Seminar über Freundlichkeit besucht hätte, ja, ich habe noch nicht gehört, dass so etwas schon jemals angeboten worden wäre. Jesus dagegen würde unsere Prioritäten zum Thema machen: Begreift doch endlich, was Gott meint, wenn er sagt: „Nicht auf eure Opfer oder Gaben kommt es mir an, sondern darauf, dass ihr barmherzig seid" (Matthäus 9,13). Paulus stellt Freundlichkeit ganz oben an, wenn er schreibt: „Die Liebe ist freundlich" (1. Korinther 13,4).

Wie freundlich sind Sie? Wie hoch ist Ihr Freundlichkeitsquotient? Wann haben Sie das letzte Mal etwas Freundliches für jemanden aus Ihrer Familie getan – zum Beispiel jemandem eine Decke geholt, den Tisch abgeräumt nach dem Essen, Kaffee gemacht – ohne darum gebeten worden zu sein?

Denken Sie an Ihren Arbeitsplatz oder die Schule. Welche Person dort wird am häufigsten übersehen, ausgegrenzt und vielleicht sogar gemobbt? Ist es ein schüchterner Schüler oder eher ein ständig übellauniger Kollege? Vielleicht spricht er einfach nicht die dort gängige Sprache. Vielleicht passt er einfach nicht dorthin. Sind Sie zu dieser Person freundlich?

Von innen heraus freundliche Menschen sind im Stillen freundlich. Sie lassen auch mal einen Autofahrer vor sich einscheren und die junge Mutter mit drei kleinen Kindern an der Supermarktkasse vor. Sie nehmen die geleerte Mülltonne des Nachbarn, die umgekippt quer auf dem Bürgersteig vorm Haus liegt, mit und stellen sie an ihren Platz. Und besonders freundlich sind sie in der Gemeinde. Sie begreifen, dass vielleicht der bedürftigste Mensch, dem sie in der gesamten Woche begegnen, die eine Person ist, die dort im Foyer steht oder im Gottesdienst in der Reihe hinter ihnen sitzt. Paulus schreibt: „Solange uns noch Zeit bleibt, wollen wir allen Menschen Gutes tun; vor allem aber denen, die mit uns an Jesus Christus glauben" (Galater 6,10).

Und jetzt kommt eine echte Herausforderung – wie steht es mit Ihren Feinden? Wie freundlich sind Sie zu denen, die das wollen, was Sie haben oder Ihnen sogar das, was Sie haben, abspenstig machen wollen?

Eine Freundin von mir hat einmal bei einer Wohltätigkeitsveranstaltung, an der auch eine Auktion stattfand, einen humorvollen Akt der Freundlichkeit erlebt. Der Versteigerungserlös sollte einer Schule gespendet werden. Irgendjemand hatte einen reinrassigen Welpen gestiftet, der viele Gäste besonders rührte und dafür sorgte, dass sie bereitwillig ihre Scheckbücher zückten. Besonders zwei von ihnen hatten es auf den kleinen Hund abgesehen.

Sie saßen an den gegenüberliegenden Seiten des großen Festsaals, ein Mann und eine Frau. Während es anfänglich Gebote hagelte, erwiesen sich diese beiden als die hartnäckigsten und entschlossensten Bieter. Viele andere stiegen aus, aber diese beiden nicht. Es ging hin und her, bis das Gebot schließlich bei mehreren Tausend Dollar stand. Hier ging es gar nicht mehr um einen Hundewelpen, sondern hier ging es um den Sieg. Das hier war wie ein Wimbledon-Finale und keiner der Spieler war bereit, das Netz zu verlassen (können Sie sich vorstellen, wie der Schulleiter sich die Hände rieb?).

Schließlich gab der Mann nach und bot nicht mehr mit. „Und zum Ersten, zum Zweiten und zum Dritten. Verkauft." Die Stimmung in dem Saal explodierte förmlich und die Dame bekam ihre schwanzwedelnde Trophäe. Ihr Gesicht wurde ganz weich, allerdings nur, um dann blitzschnell zu erröten. Vielleicht hatte sie vergessen, wo sie war. Sie hatte gar nicht vorgehabt, die gesamten zwölf Runden zu gehen, hatte ganz sicher nicht beabsichtigt, bei einer piekfeinen Wohltätigkeitsgala aller Welt ihre Pitbull-Seite zu offenbaren.

Und wissen Sie, was sie tat? Als der Applaus verebbt war, ging sie quer durch den ganzen Saal und übergab den kleinen Hund ihrem Konkurrenten.

Nehmen wir einmal an, Sie würden so mit Ihrem Konkurrenten umgehen, mit Ihrem Feind, mit dem Chef, der Sie entlassen hat oder der Frau, von der Sie verlassen wurden? Nehmen Sie einmal an, Sie würden sie mit Ihrer Freundlichkeit überraschen? Sie finden das nicht einfach? Nein, das ist es auch wirklich nicht. Aber Barmherzigkeit ist die tiefste und innigste Geste der Freundlichkeit. Paulus setzt die beiden sogar direkt nebeneinander. „Seid vielmehr freundlich und barmherzig, immer bereit, einander zu vergeben, so wie Gott euch durch Jesus Christus vergeben hat" (Epheser 4,32). Jesus sagt:

Liebt eure Feinde und tut denen Gutes, die euch hassen . . .

Oder erwartet ihr einen Lohn dafür, wenn ihr die Menschen liebt, die euch auch lieben? Das tut schließlich jeder . . . Ihr aber sollt eure Feinde lieben und den Menschen Gutes tun. Ihr sollt ihnen helfen, ohne einen Dank oder eine Gegenleistung zu erwarten. Gott wird euch reich belohnen, weil ihr wie seine Kinder handelt. Denn auch er ist gütig zu Undankbaren und Bösen.

Seid so barmherzig wie euer Vater im Himmel!
Lukas 6, 27.33.35–36

40

Freundlichkeit zu Hause, Freundlichkeit in der Öffentlichkeit, Freundlichkeit in der Gemeinde und Freundlichkeit im Umgang mit den Feinden. Das schließt doch eigentlich alle ein, finden Sie nicht? Fast. Es gibt nämlich noch jemanden, der Ihre Freundlichkeit braucht. Wer das sein könnte? Na, Sie selbst natürlich.

Neigen wir nicht oft dazu, mit uns selbst besonders hart und streng zu sein? Und recht geschieht uns. Genau wie das junge Hochzeitspaar planen auch wir nicht immer genügend im Voraus. Ebenso wie Zachäus haben auch wir schon Freunde übervorteilt. Wir verhalten uns eigennützig. Und wie bei der kranken Frau, scheint auch unsere Welt manchmal einfach außer Kontrolle zu sein.

Aber hat Jesus mit dem jungen Brautpaar geschimpft? Nein, das hat er nicht. Hat er Zachäus für all seine Betrügereien bestraft? Nein. War er der Frau gegenüber abweisend und hart? Nein. Er ist freundlich zu den Vergesslichen und Schusseligen. Er ist freundlich zu den Gierigen. Er ist freundlich zu den Kranken.

Und er ist freundlich zu uns. Weil er aber freundlich zu uns ist, könnten wir da nicht auch ein bisschen freundlicher zu uns selbst sein?

Sie mögen jetzt denken: *Ah, aber Sie kennen mich nicht, Max. Sie kennen meine Fehler und meine Gedanken nicht. Sie kennen nicht all das Genörgel, das ich vor mich hinrummele und das gemurmelte Murren.*

Nein, ich kenne das alles nicht, aber er. Er weiß alles über Sie, kennt Sie durch und durch, und dennoch enthält er Ihnen seine Freundlichkeit nicht vor. Hat er, der alle Ihre Geheimnisse kennt, auch nur eine Verheißung zurückgenommen oder auch nur eines seiner Geschenke zurückgefordert?

Nein, er ist freundlich zu Ihnen. Warum sind Sie dann nicht auch freundlich zu sich selbst? Er vergibt Ihnen Ihre Fehler. Warum tun Sie es dann nicht auch? Er findet, dass das Morgen lebenswert ist. Warum stimmen

Sie ihm darin nicht zu? Er glaubt genug an Sie, um Sie seinen Botschafter, seinen Nachfolger, ja sogar sein Kind zu nennen. Warum nehmen Sie diese Stichworte nicht auf und glauben an sich selbst?

In seinem Buch *Wonniger Donnerstag* stellt John Steinbeck uns Madam Fauna vor. Sie betreibt ein Bordell und schließt eine der Prostituierten namens Suzy besonders ins Herz. Madam Fauna arrangiert ein echtes Rendezvous für Suzy, und zwar mit einem ehrbaren Mann, nicht mit einem Freier. Sie kauft Suzy ein hübsches Kleid und hilft ihr, sich für den Abend schön zu machen. Suzy ist tief gerührt von der Freundlichkeit Madam Faunas und sagt zu ihr: „Sie haben so viel für mich getan. Kann ich nicht auch irgendetwas für Sie tun?"

„Ja", antwortet die ältere Frau. „Du kannst sagen: ,Ich bin Suzy und sonst niemand.'"

Genau das tut Suzy dann auch. Und dann bittet Madam Fauna: „Und jetzt sag: ,Ich bin Suzy, und ich bin gut.'"

Und Suzy versucht es. „Ich bin Suzy, und ich bin . . ." Und Suzy fängt an zu weinen.

Möchte Gott nicht auch, dass wir dieselben Worte sagen? In seinem Buch sind Sie der Gute. Seien Sie freundlich zu sich selbst. Gott findet, dass Sie seine Freundlichkeit wert sind. Und er hat ein gutes Urteilsvermögen in Sachen Charakter.

Entbrannt

Die Liebe kennt keinen Neid.
1. Korinther 13,4

Gott bietet echte, unverfälschte Liebe an.
Seine Hingabe ist das einzig Wahre.
Aber er gibt Ihnen nicht das Echte,
bevor Sie ihm nicht alle Imitate überlassen
haben.

Nancy ist Single. Sie ist um die vierzig und Single. Ihre Freundinnen plaudern über Windeln, Krabbelgruppen und Kindergärten, die Verschrobenheiten ihrer Ehemänner und die Merkwürdigkeiten des Familienlebens. Nancy hört einfach nur zu und lächelt.

Sie ist Single. Um die vierzig und Single. Ihre Freundinnen fahren Familienkutschen und eine ehemalige Klassenkameradin hat bereits erwachsene Kinder, die schon studieren. Nancy fährt ein zweisitziges Auto, nimmt die meisten Mahlzeiten alleine zu sich und fühlt sich in Zirkeln junger Mütter fehl am Platze.

Sie ist Single und die Leute fragen sich warum. Das sprechen sie zwar nie laut aus, aber ihre Blicke sagen alles. „Was, Sie sind nicht verheiratet?", lautet die Frage. *Warum nicht?*, ist anschließend der unausgesprochene Gedanke. *Stimmt vielleicht irgendetwas mit ihr nicht? Ist sie vielleicht etwas seltsam oder gar unnormal?*

In einer Gemeinde zur Mitarbeiterschaft zu gehören, verschlimmert für sie den Kontrast nur noch mehr. So nickt sie pflichtschuldig, wenn andere Mitarbeiter von den Weihnachtsfeiertagen berichten und Ehepaar- oder Urlaubsabenteuergeschichten erzählen. Letztes Jahr hat sie Weihnachten bei ihren Eltern verbracht und ist dann alleine nach Hause zurückgefahren. Ja, sie würde gerne mal eine Reise machen, aber es ist so schwierig, jemanden zu finden, der mitfahren würde. Wie kann sie ihre Gemeindefamilie lieben, wenn die alle haben, was sie sich so sehr wünscht?

Abends und nachts fühlt sie sich manchmal sehr schutzlos und unglaublich verletzlich. Was war das da gerade für ein Geräusch? Auf Partys fühlt sie sich unsicher. Soll ich alleine gehen? Und sie muss mit ihrem Neid fertig werden. Nicht mit Wut. Nicht mit rotglühender Eifersucht. Ganz sicher nicht mit Hass. Einfach mit Neid. Oft in Form eines kleinen Aufflackerns von Ablehnung gegenüber Frauen, die all das von ihr Ersehnte haben. Sie ist darüber besorgt und das ist auch gut so, denn was heute ein kleines Aufflackern ist, kann morgen vielleicht ein Feuer werden, das lichterloh brennt.

Nehmen wir einmal an, Sie würden in Ihrem Haus eine Flamme entdecken. Keine Feuersbrunst, ja nicht einmal ein loderndes Feuer, sondern nur kleine züngelnde Flammen, die am Saum des Vorhangs entlangfressen, an den Teppichfransen oder am Tischtuch. Was würden Sie tun? Wie würden Sie reagieren? Würden Sie achselzuckend weggehen mit den Worten: „So ein kleines Feuerchen hat doch noch keinem Haus wirklich geschadet."

Natürlich nicht. Sie würden es löschen. Sie würden es ersticken, austreten – alles mögliche würden Sie unternehmen, aber Sie würden das Feuer doch nicht sich selbst überlassen. Sie würden nicht das kleinste Flämmchen in Ihrem Haus dulden. Warum nicht? Weil Sie wissen, wie schnell Feuer größer werden können. Was in Unschuld geboren wird, kann schon in der Jugend tödlich sein. Wenn es unbeaufsichtigt ist, frisst Feuer alles, was ihm in die Quere kommt. Der Name dieses Feuers? Salomo hat es benannt: „Unüberwindlich – so ist auch die Liebe, und ihre Leidenschaft brennt wie ein Feuer" (Hohelied 8,6). (Leidenschaft wird in diesem Zusammenhang als negativer, von Eifersucht belasteter Aspekt gesehen, Anm. des Übersetzers)

Paulus ist mit seiner Aussage ähnlich radikal: „Die Liebe kennt keinen Neid" (1. Korinther 13,4). Kein Wunder, denn er hatte über die Folgen ungezügelter Eifersucht gelesen und sie auch schon selbst erlebt.

Sehen wir uns einmal Josefs Brüder an. Es fing damit an, dass sie ihn hänselten und ärgerten, harmlose Geschwisterrivalität also. Aber dann wurde aus dem Flackern eine Flamme. „Josefs Brüder waren eifersüchtig auf ihn" (1.Mose 37,11). Und schon bald war es für sie einfacher, ihn in ein tiefes Loch zu werfen, als mit ihm zusammen an einem Tisch zu sitzen. Danach dauerte es nicht lange und Josef fand sich in Ägypten wieder und sein Vater Jakob dachte, sein Sohn wäre tot. Das alles passierte aufgrund von Neid.

Ja und betrachten wir einmal genauer die Pharisäer. Waren das böse Männer? Kriminelle? Verbrecher? Nein, sie waren die Pastoren und Lehrer ihrer Zeit. Heutzutage wären sie vielleicht Trainer und Betreuer von Jugendfussballmannschaften und Leute, die sich an Fahrgemeinschaften für ihre Kinder beteiligten. Aber was taten sie mit Jesus?

„Die Führer des jüdischen Volkes hatten das Verfahren gegen Jesus nur aus Neid und Hass angezettelt" (Matthäus 27,18).

Und dann ist da noch Max. Vergessen Sie Max nicht. So lange wir Namen von Leuten aufzählen, die für Neid und Eifersucht anfällig sind, darf mein eigener Name auf gar keinen Fall fehlen. Ich wurde bereits unruhig, als ich von einer Gemeinde am anderen Ende der Stadt hörte und ein Freund mir von seinem Besuch dort berichtete: „Die Gemeinde ist wirklich toll! Sie platzt aus allen Nähten und ist mittlerweile die größte in der Stadt."

Ein geistlicherer Max hätte sich anschließend gefreut. Ein reiferer Max hätte Gott für diese Gemeinde gedankt. Aber der Max, der den Bericht hörte, reagierte weder geistlich noch reif, sondern neidisch. Ob Sie es glauben oder nicht, statt mich über das Wirken Gottes zu freuen, war ich von meiner eigenen Gemeinde wie besessen. Ich wollte, dass meine Gemeinde die größte war.

Wirklich übel. Aber der Herr ließ mich nicht lange in solchen Territorialkämpfen verharren. In einem entscheidenden Augenblick der Sündenerkenntnis ließ er mich wissen, dass die Gemeinde seine Gemeinde ist und nicht meine, dass die Arbeit seine Arbeit ist und nicht meine und dass mein Leben seines ist, nicht meines.

Es war nicht meine Aufgabe, ihn in Frage zu stellen,

sondern ich sollte ihm einfach nur vertrauen. „Beneide nicht die Menschen . . . Verlass dich auf den Herrn und tue Gutes!" (Psalm 37,1.3). Eine wirksame Therapie gegen Neid und Eifersucht ist Vertrauen. Denn die Ursache von Neid und Eifersucht ist mangelndes oder fehlendes Vertrauen. Jakobs Söhne vertrauten nicht darauf, dass Gott ihre Bedürfnisse im Blick hatte und befriedigen würde. Die Pharisäer vertrauten nicht darauf, dass Gott ihre Probleme lösen würde. Der Verfasser dieses Buches vertraute nicht darauf, dass Gott absolut in der Lage ist, sein Reich zu errichten und sogar auszubauen. Und indem ich ihm nicht vertraute, ging ich ein hohes Risiko ein. Denn welche Folgen hat Neid?

An erster Stelle steht Einsamkeit. Salomo sagt: „Heftiger Zorn und große Wut sind grausam – gegen die Eifersucht aber verblassen sie beide!" (Sprüche 27,4). Wer möchte schon mit einem eifersüchtigen Narren zusammen sein? Auf einem Friedhof in England gibt es einen Grabstein mit der Inschrift: SIE STARB AN MANGEL. Und neben diesem Grabstein steht noch einer, auf dem es heißt: ER STARB WÄHREND ER VERSUCHTE, IHR ALLES ZU GEBEN.[1]

Eine weitere Folge von Neid ist Krankheit. Ebenfalls in den Sprüchen ist folgende Weisheit zu finden: „Der Eifersüchtige wird von seinen Gefühlen innerlich zerfressen" (Sprüche 14,30).

Die hässlichste Frucht von Neid und Eifersucht ist Gewalt. „Ihr wollt alles haben und werdet nichts bekommen. Ihr seid voller Neid und tödlichem Hass; doch gewinnen werdet ihr dadurch nichts" (Jakobus 4,2). „Ein eifersüchtiger Ehemann", so erfahren wir in Sprüche 6,34 „schnaubt vor Wut".

Die Juden benutzten ein bestimmtes Wort für Eifersucht, *qua-nah*. Wörtlich übersetzt bedeutet es „hochrot sein". Und jetzt meine Frage an Sie: Haben Sie auch selbst schon solchen Neid erlebt? Haben Sie schon diese hochrote Eifersucht erlebt? Kommen Ihnen eine dunkelrote Stirn und pochende Venen irgendwie bekannt vor? Und – und jetzt seien Sie bitte ganz ehrlich – hat auch Ihr eigener Kopf schon so ausgesehen?

Wenn ja, dann sollten Sie vielleicht einmal tun, was Nancy praktiziert. Hier ist ihre Geschichte:

Es war ein paar Tage vor der Weihnachtsfeier für die Mitarbeiter in unserer Gemeinde. Mir wurde plötzlich bewusst, dass ich zu den wenigen Singles gehörte, die daran teilnehmen würden. Das war ein schrecklich beängstigender Gedanke und natürlich wollte ich auf gar keinen Fall zu dieser Feier gehen! Aber als ich dann darüber betete, wurde mir klar, dass Gott wollte, dass ich gehe und er selbst wollte dabei mein Partner und Begleiter sein. Ich wusste zwar nicht, wie das gehen sollte, aber ich fing an, darum zu beten, dass ich die ganze Zeit und jeden einzelnen Moment seine Gegenwart an meiner Seite spüren möge und dass ich seine Anwesenheit auch ausstrahlen möge. Also gingen „wir" zu der Feier.

Als „wir" dort ankamen, erblickte ich einen Mann, den ich recht interessant fand, der jedoch mit einer wunderschönen Frau dort war. Aber irgendwie ließ mich das ganz kalt. Während „wir" dann so von Raum zu Raum gingen, unterhielt ich mich, sprach den Leuten Mut zu und munterte andere auf, praktizierte also wirklich meinen Vorsatz, die anderen an die erste Stelle zu setzen. Als „wir" an diesem Abend gingen und ich ins Auto stieg, um mich auf den langen Weg nach Hause zu meiner Familie zu machen, brach ich in Tränen aus – Tränen der Freude und des Schmerzes. Ich freute mich darüber, dass ich den Frieden und die Gegenwart Jesu auf so greifbare Weise gespürt hatte, obwohl es immer noch wehtat, unverheiratet zu sein.

Am darauf folgenden Montag kam eine Freundin bei mir im Büro vorbei und sagte: „Ich habe dich auf dem Fest bemerkt und mich gefragt, ob es wohl schwierig für dich war, allein dort zu sein. Ich möchte dir aber einfach nur sagen, dass du an dem Abend wirklich die Freude Gottes ausgestrahlt hast."

Seit damals bin ich bei unzähligen Hochzeiten, Empfängen, Klassentreffen und Partys mit Jesus als Begleiter gewesen. Ich will nicht behaupten, dass es immer einfach ist, aber ich weiß, dass mit jedem Mal mein Glaube gewachsen ist. Jesus ist greifbare Wirklichkeit – so real wie jede andere Person. Mein Verständnis davon, was es bedeutet, ihn auch in den alltäglichen kleinen und großen Dingen als Partner an der Seite zu haben, entwickelt sich ständig weiter, ebenso wie mein Verständnis, was es für ihn bedeutet, derjenige zu sein, der immer da ist, immer zur Verfügung steht und mich immer liebt.[2]

Gott enthält uns das vor, was wir uns wünschen, um uns das zu geben, was wir brauchen. Sie sehnen sich nach einem Ehepartner; er gibt Ihnen sich selbst. Sie suchen nach einer größeren Gemeinde; er zieht eine stärkere Gemeinde vor. Sie möchten geheilt werden, damit Sie dienen können. Er möchte Sie eher eingeschränkt, damit Sie beten können. Genau das bringt auch das Zeugnis von Joni Eareckson Tada zum Ausdruck. Drei Jahrzehnte nach ihrem Schwimmunfall, der bei ihr zu einer Querschnittlähmung führte, fuhren sie und ihr Mann Ken nach Jerusalem. In ihrem Rollstuhl sitzend erinnerte sie sich an die Geschichte des Gelähmten, der am Teich Bethesda von Jesus geheilt wurde. Dreißig Jahre zuvor hatte sie genau diese Geschichte gelesen und Jesus gebeten, dasselbe auch bei ihr zu tun.

An diesem besagten Tag in Jerusalem dankte sie Gott dafür, dass er ein höheres Gebet erhört hatte. Joni betrachtet ihren Rollstuhl jetzt als ihre Gebetsbank und ihre Einschränkungen als Segen. Hätte er ihre Beine geheilt, wären Tausende von Gebeten ihrem geschäftigen Alltag zum Opfer gefallen. Das erkennt sie jetzt und das akzeptiert sie jetzt auch. Neid wich Dankbarkeit, als sie ihren Willen Gottes Willen unterstellte.[3]

Nancy vertraute ihrem Vater in Bezug auf ihr Single-sein.

Joni vertraute ihrem Vater in Bezug auf ihre Behinderung.

Und Susie vertraute ihrem Vater in Bezug auf ihre Perlen. Im Alter von sechs Jahren war Susies kostbarster Besitz eine Perlenkette. Die Tatsache, dass es falsche Perlen waren, störte sie dabei kein bisschen. Sie trug sie immer und überall und spielte jeden Tag damit. Sie liebte diese Perlen einfach.

Sie liebte auch ihren Papa. Er war oft tagelang geschäftlich unterwegs und dadurch nur selten zu Hause, aber wenn er dann zurückkam, war sein erster Tag zu Hause immer ein einziges Fest. Noch heute als Erwachsene erinnert Susie sich daran, wie er eine Woche im Nahen Osten gewesen war. Als er endlich von dort zurückkam, spielte er den ganzen Nachmittag mit seiner Tochter und stellte ihr, als er sie abends dann ins Bett brachte, folgende Frage: „Hast du mich lieb?"

„Ja Papa. Ich liebe dich mehr als alles andere."

„Mehr als alles andere?"

„Mehr als alles andere."

Er schwieg einen Augenblick lang. „Mehr als die Perlen? Würdest du mir deine Perlen geben?"

„Oh Papa", antwortete sie. „Das kann ich nicht. Ich liebe meine Perlen."

„Das verstehe ich", sagte er und gab ihr einen Gutenachtkuss.

Noch beim Einschlafen dachte sie an seine Bitte. Als sie wieder aufwachte, dachte sie weiter darüber nach. An diesem Morgen dachte sie daran und auch später am Tag immer wieder.

Schließlich ging sie am Abend mit ihren Perlen zu ihm und sagte: „Ich hab dich mehr lieb als die hier, Papa. Hier, du kannst sie haben."

„Ach, da freue ich mich aber", sagte er und öffnete seinen Aktenkoffer.

50

„Ich habe dir nämlich ein Geschenk mitgebracht."

Sie öffnete eine kleine, flache Schachtel und schnappte nach Luft. Es waren Perlen darin, echte Perlen.[4]

Sie nehmen an, dass Ihr Vater Ihnen auch welche geben will? Er bietet Ihnen wirklich echte Liebe an. Seine Hingabe ist das Wahre und Echte. Aber er gibt Ihnen erst dann das Echte, wenn Sie ihm die Imitationen überlassen.

Was hofft er wohl, was Sie loslassen werden? Von welchem falschen Schmuck möchte er wohl, dass Sie sich trennen? Würden Sie die weniger wertvollen Geschenke für das höchste Geschenk weggeben, das Geschenk, Gott zu kennen? Wenn Sie dazu bereit sind, dann wird Ihr Neid vergehen. Neid hat keinen Boden mehr, keine Nahrung, wenn echte Liebe empfangen wird.

Die hackordnungsfreie Zone Gottes

Die Liebe . . . prahlt nicht und ist nicht überheblich.
1. Korinther 13,4

Das tut die Liebe.
Sie stellt den Geliebten über sich selbst.
Ihre Seele war wichtiger als sein Blut.
Ihr ewiges Leben war wichtiger
als sein irdisches Leben.
Ihr Platz im Himmel war ihm wichtiger
als sein Platz im Himmel.
Also gab er seinen auf,
damit Sie Ihren bekommen konnten.

Die Temperatur ist weit unter Null und es weht dieser eisige texanische Wind, der in den Ohren sticht. Gefrorenes Gras bricht unter meinen Schritten. Es ist ein kalter Dezembertag. Selbst das Vieh ist so schlau, an einem Morgen wie diesem im Stall zu bleiben.

Also was mache ich dann hier draußen? Was mache ich hier in diesem Graben, knöcheltief im Wasser stehend über ein undichtes Rohr gebeugt? Und was das Wichtigste ist – wieso helfen mir die drei Typen aus dem Lastwagen nicht? Warum sind die da drinnen, während ich mir hier draußen einen abfriere? Warum sitzen sie im Warmen und ich stehe hier in der Kälte? Warum sind sie trocken und ich bin nass?

Die Fragen lassen sich mit einem einzigen Wort beantworten: Es heißt *Hackordnung*.

Dabei handelt es sich um eine Wortschöpfung norwegischer Biologen, die sich intensiv mit der Hierarchie im Hühnerstall beschäftigt haben, indem sie gezählt haben, wie oft Hühner nach anderen hacken oder selbst gehackt werden. Es ließ sich schließlich eine Art Befehlskette erkennen. Das Alphahuhn verteilt am meisten und der Omegavogel steckt am meisten ein. Der Rest der Hühner rangiert irgendwo dazwischen.

An dem besagten Tag auf dem Ölfeld nun war der Alphavogel unser Gruppenchef. Unter ihm folgte ein ehemaliger Vorarbeiter und unter dem Vorarbeiter ein illegaler Einwanderer. Ich war der Omega-Vogel. Studenten, die in den Weihnachtsferien arbeiten müssen, stehen ganz am Ende der Befehlskette.

Unsere Sitzordnung in dem Lastwagen spiegelte unseren jeweiligen Platz in der Rangordnung wider. Der Chef saß am Steuer; der zweithöchste Arbeiter saß am Fenster auf dem Beifahrersitz. Der Dritte zwischen den beiden und der Vierte saß eingepfercht auf dem Notsitz dahinter. Diese Rangordnung wurde von niemandem vorgegeben, verkündet oder sogar schriftlich niedergelegt. Wir wussten einfach, dass es sie gab und wie sie funktionierte. Und wenn es dann so weit war, dass jemand aus dem Auto aussteigen und in den Graben musste, um ein Leck abzudichten, brauchte mir niemand zu sagen, dass ich derjenige war, dem diese Aufgabe zufiel. Ich verstand die Hackordnung auch so.

Und das ist bei Ihnen auch nicht anders. Sie kennen das System. Hackordnungen sind ein Teil unseres Lebens und in einem gewissen Ausmaß ist das auch ganz und gar in Ordnung so. Es ist wichtig für uns zu wissen, wer das Sagen hat. Rangordnungen können unsere Rollen klarer machen. Das Problem bei den Hackordnungen ist nicht die Ordnung, sondern das Hacken.

Da brauchen Sie nur das kleinste Kind in der Schulklasse zu fragen oder den Hausmeister, dessen Namen niemand kennt und für dessen Namen sich auch niemand wirklich interessiert. Die Ausländerfamilie kann ein Lied davon singen, der Typ am Fließband in der Fabrik oder auch der Sündenbock der Familie. Es ist nicht besonders angenehm, das Plankton in der Nahrungskette zu sein.

Eine Freundin von mir ist auf einer Farm groß geworden. Sie hat mir erzählt, wie sie als Kind einmal beobachtete, dass Hühner nach einem frisch geschlüpften kranken Küken hackten. Sie rannte zu ihrer Mutter und erzählte, was sie beobachtet hatte, aber ihre Mutter reagierte darauf sehr gelassen mit der simplen Erklärung: „So machen es die Hühner eben. Wenn eines wirklich krank ist, wird es von den anderen zu Tode gepickt."

Und deshalb sagt Gott, dass in der Liebe kein Platz für Hackordnungen ist. Jesus duldet ein solches Denken nicht. Diese Viehstall-Mentalität funktioniert vielleicht auf einem Bauernhof, aber nicht in seinem Reich. Hören Sie, was er über die Alphavögel seiner Zeit zu sagen hatte:

Alles, was sie tun, ist nur Schau. Am Arm tragen sie brei-
te Gebetsriemen, und die Fransen an ihren Talaren wer-
den immer länger. Alle sollen sehen können, wie fromm
sie sind.

Bei euren Festen wollen sie auf Ehrenplätzen sitzen,
und beim Gottesdienst haben sie ihren Platz in der
vordersten Reihe.

Sie haben es gern, wenn man sie auf der Straße ehr-
furchtsvoll grüßt und „Meister" nennt. Matthäus 23,5–7

Jesus nimmt die hohen Vögel der Kirche unter Be-
schuss, diejenigen, die auf der obersten Sprosse der
geistlichen Leiter sitzen und ihr Gefieder in Form von
Roben, Titeln, Schmuck und Ehrenplätzen spreizen.
Davon hält Jesus nichts, es ist einfach nicht seine Art,
und es ist auch ganz leicht zu erkennen, weshalb. Wie
kann ich denn andere lieben, wenn ich nur mich selbst
im Blick habe? Wie kann ich auf Gott hinweisen, wenn
ich eigentlich immer nur selbst im Mittelpunkt stehe
und damit auf mich selbst hinweise? Und was noch
schlimmer ist, wie soll man denn Gott sehen, wenn man
ständig mit den Schwanzfedern ein Rad schlägt?

Bei Jesus gab es keinen Platz für Hackordnungen.
„Die Liebe . . . prahlt nicht und ist nicht überheblich" (1.
Korinther 13,4).

Und wie sieht seine Lösung zur Auflösung des
menschlichen Kastensystems aus? Es ist ein Rich-
tungswechsel angesagt. In einer Welt, in der es am besten nur aufwärts gehen soll, entscheiden Sie sich für
das Dienen, die abwärts gerichtete Bereitschaft zu dienen. Bewegen Sie sich abwärts statt aufwärts. „Denkt
von euch selbst gering, und achtet den anderen mehr
als euch selbst" (Philipper 2,3). Genau das hat Jesus getan.

Er hat die Hackordnung auf den Kopf gestellt. Während die anderen immer weiter nach oben wollten, ging
er abwärts.

Orientiert euch an Jesus Christus: Obwohl er Gott in allem gleich war und Anteil an Gottes Herrschaft hatte, bestand er nicht auf seinen Vorrechten.

Nein, er verzichtete darauf und wurde rechtlos wie ein Sklave. Er wurde wie jeder andere Mensch geboren und lebte als Mensch unter uns Menschen.

Er erniedrigte sich selbst und war Gott gehorsam bis zum Tod, ja, bis zum schändlichen Tod am Kreuz.

Philipper 2,5–8

Würden Sie sich auch wie Jesus verhalten? Er tauschte den Himmel gegen einen schmutzigen Stall ein, die Anbetung der Engel gegen die Gesellschaft von Mördern. Er konnte das gesamte Universum in der Hand halten, aber er gab es auf, um im Leib einer Jungfrau als Mensch heranzuwachsen.

Wenn Sie Gott wären, würden Sie dann auf Stroh schlafen, aus einer Brust trinken und in eine Windel gewickelt werden wollen? Ich würde das ganz sicher nicht wollen, aber Christus war dazu bereit.

Wenn Sie wüssten, dass sich nur ein paar wenige Leute überhaupt dafür interessierten, dass Sie kommen, würden Sie dann trotzdem noch kommen? Wenn Sie wüssten, dass diejenigen, die Sie lieben, Ihnen ins Gesicht lachen würden, würden Sie sich dann trotzdem noch um sie kümmern? Wenn Sie wüssten, dass die von Ihnen selbst geschaffenen Münder und Zungen Sie nur verspotten und bespucken würden, die von Ihnen geschaffenen Hände dazu benutzt würden, Sie zu kreuzigen, würden Sie das alles dann trotzdem noch erschaffen? Christus hat es getan. Würden Sie die Behinderten, die Gelähmten für wichtiger erachten als sich selbst? Jesus hat es getan.

Er hat sich selbst erniedrigt. Er ist den Weg von der Befehlsgewalt über die Engel zum Schlafen im Stroh gegangen, vom Festhalten der Sterne bis zum Festhalten an Marias Fingern. Dieselbe Hand, die das Universum hält, hat auch den Nagel des römischen Soldaten entgegengenommen.

Warum er das alles getan hat? Weil sich so die Liebe verhält. Sie stellt den geliebten Menschen über sich selbst. Ihre Seele war ihm wichtiger als sein Blut. Ihr ewiges Leben war ihm wichtiger als sein irdisches Leben. Ihr Platz im Himmel war ihm wichtiger als sein Platz im Himmel, also gab er seinen auf, damit Sie Ihren bekommen konnten.

So sehr liebt er Sie, und weil er Sie liebt, sind Sie für ihn von überragender Wichtigkeit.

Christus steht im Gegensatz zum Viehstall. Er zeigt auf den Spatzen, den unbedeutendsten Vogel seiner Zeit und sagt: „Welchen Wert hat schon ein Spatz auf dem Dach? Und doch vergisst Gott keinen einzigen von ihnen . . . Ihr braucht wirklich keine Angst zu haben! Ihr seid mehr wert als ein ganzer Spatzenschwarm!" (Lukas 12,6–7).

Gott erinnert sich an die kleinen Vögel dieser Welt. Wir denken an die Adler. Wir machen Bronzestatuen von Habichten. Wir benennen Sportmannschaften nach dem Falken. Aber Gott kümmert sich um die Spatzen. Er nimmt sich Zeit für Kinder und beachtet die Ausgestoßenen. Er gibt der Ehebrecherin eine zweite Chance und spricht dem Dieb am Kreuz gegenüber eine persönliche Einladung aus. Christus ist Teil des Zusammengeschlagenwerdens und Abgeschriebenseins und er bittet uns inständig, es ihm nach zu tun. „Bitte lieber die Armen, Behinderten, Lahmen und Blinden an deinen Tisch" (Lukas 14,13).

Sie möchten gern andere Menschen so lieben, wie Gott Sie liebt? Dann kommen Sie durstig zu ihm. Trinken Sie in tiefen Zügen von der Liebe, die Gott für Sie hat und bitten Sie ihn, Ihr Herz mit einer Liebe zu erfüllen, die es wert ist, weitergegeben zu werden, mit einer Liebe, die Sie fähig macht, *andere über sich selbst zu stellen.*

Esther Kim weiß, was das bedeutet. Dreizehn Jahre lang hat sie nur einen Traum gehabt. Die olympischen Sommerspiele in Sydney. Sie wollte für die Vereinigten Staaten in der Taek Wan Do–Mannschaft starten.

Seit ihrem achten Lebensjahr hat sie jede freie Minute beim Training verbracht. Und beim Training hat sie dann auch ihre beste Freundin Kay Poe kennen gelernt. Die beiden arbeiteten so lange so hart und ausdauernd, dass es eigentlich niemanden besonders verwunderte, als sie sich beide für die Olympiaausscheidungen 2000 in Colorado Springs qualifizierten.

Es waren allerdings doch alle recht erstaunt, als sie für dieselbe Gruppe eingeteilt wurden, sodass eine, wenn auch geringe, Chance bestand, dass sie gegeneinander antreten mussten. Als dann jedoch die Anzahl der Gruppen noch einmal reduziert werden musste, stand ihr Name auf derselben Liste. Es war demnach nur eine Frage der Zeit, dass sie sich auf derselben Matte gegenüberstanden, und dann würde die eine von ihnen gewinnen und die andere verlieren. Nur eine von ihnen konnte sich für Australien qualifizieren.

Und als wäre die ganze Angelegenheit noch nicht dramatisch genug gewesen, brachten zwei zusätzliche Umstände Esther Kim in ein wirkliches Dilemma. Erstens verletzte sich ihre Freundin Kay in dem Kampf vor ihrem am Bein. Kay konnte deshalb kaum noch gehen, geschweige denn kämpfen und so war es recht wahrscheinlich, dass Esther die Freundin ziemlich mühelos würde besiegen können.

Aber es gab noch einen zweiten Umstand. Esther wusste, dass eigentlich Kay die bessere Kämpferin war. Wenn sie die Verletzung der Freundin ausnutzte, würde wahrscheinlich die bessere Sportlerin zu Hause bleiben.

Was tat sie also? Esther betrat die Matte und verbeugte sich vor ihrer Freundin und Gegnerin. Beide wussten, was diese Geste zu bedeuten hatte. Esther verzichtete auf ihren Platz in der Mannschaft. Sie schätzte die Sache wichtiger ein als ihren persönlichen Nutzen.[1]

Das ist jetzt der richtige Augenblick für ein paar sehr wesentliche Fragen. Was ist Ihnen wichtiger – dass die Arbeit getan wird oder dass Sie dabei wahrgenommen werden? Wenn ein Bruder oder eine Schwester anerkannt und beachtet werden, freuen Sie sich dann für sie oder sind Sie eifersüchtig? Haben Sie die Einstellung Jesu? Erachten Sie die anderen für wichtiger als sich selbst?

Darf ich Ihnen erzählen, wie ich zum ersten Mal die Macht dieser Herausforderung persönlich erlebt habe?

Harold war querschnittsgelähmt und konnte deshalb weder gehen noch sich anziehen noch selbst essen, geschweige denn allein zur Toilette gehen. Meine Aufgabe bestand nun darin, ihm bei allem zu helfen. Und mir gefiel das nicht. Ich war nach St. Louis gekommen, um als Geistlicher Praxiserfahrungen zu sammeln. Ich kam frisch vom Studium und war bereit, die Welt zu verändern. Ich war so weit zu predigen, zu reisen, ja Geschichte zu schreiben. Aber ich war nicht bereit, Harold zu helfen.

Die Praxisarbeit der jungen Geistlichen wurde von einem Tutor geleitet, der mir eines Tages mitteilte, er habe eine ganz besondere Aufgabe für mich. Ich ging davon aus, dass er damit eine Beförderung meinte. Nie im Leben hätte ich gedacht, dass er dabei Harold im Sinn hatte.

Harold liebte die Bibelkurse und die Anbetungsgottesdienste. Meine Aufgabe war es, dafür zu sorgen, dass er an beidem teilnehmen konnte, ihn hochzunehmen, ihn sauber zu machen, ihn im Rollstuhl zu den Veranstaltungen zu schieben, dort neben ihm zu sitzen und ihn später wieder nach Hause zu bringen. Seine Gabel zu halten, wenn er aß, ihm den Mund abzuwischen, wenn er sabberte. Ich kann mich nicht erinnern, dass ich mir dabei sehr liebevoll vorkam. Sehr genau erinnere ich mich jedoch an den Tag, als es in der Bibelarbeit um Philipper 2,3 ging: „Denkt von euch selbst gering, und achtet den anderen mehr als euch selbst."

Nachdem der Leiter den Abschnitt vorgelesen hatte, stellte er folgende Frage: „Denken Sie an die Person, die links neben Ihnen sitzt. Halten Sie diesen Menschen für wichtiger als sich selbst?" Ich sah nach links, und was glauben Sie wohl, wer da saß? Harold, und zwar mit nach vorn gesunkenem Kopf und offenem Mund.

Harold wichtiger als ich? Schließlich war ich es doch, der gesund war, sich ebenso gewandt wie geschliffen ausdrücken konnte und der sich hier gerade in seinem Praktikum für examinierte Theologen abrackerte. Wie sollte ich da ihn für wichtiger erachten?

Aber Gott machte mir deutlich, wie arrogant meine innere Haltung war und begann an meiner Grundeinstellung zu arbeiten. Langsam aber sicher machte es mich immer zufriedener, Harolds Betreuer zu sein, und am Ende des Jahres waren wir Freunde. Gott hatte in meinem Inneren ein stilles aber unauslöschliches Wunder bewirkt. Als ich vor einem Jahr von Harolds Tod erfuhr, habe ich Gott dafür gedankt, dass er mich mit einem Lehrer wie Harold beschenkt hatte. Gott benutzte ihn, um mich Folgendes zu lehren: *Denkt von euch selbst gering, und achtet den anderen höher als euch selbst.*

Und außerdem: *Übernehmen Sie Ihren Part seines Planes.*

Gott benutzt auch Menschen wie Bob Russell, um diese Art der Liebe zu veranschaulichen. Bob arbeitet in der *Southeast Christian Church* in Louisville, Kentucky. Als er 1966 seinen Dienst antrat, hatte die Gemeinde 125 Mitglieder und Bob war 22 Jahre alt. In den vergangenen 35 Jahren hat Gott aus dieser Gemeinde eine der schönsten und größten Familien von Christen gemacht. Jedes Wochenende kommen dort über 16.000 Menschen zum Lobpreis und verschiedenen Gottesdiensten zusammen.

1989 traf Bob eine Entscheidung, die viele Außenstehende überraschte. Er gab bekannt, dass er von jetzt an seinen Predigtdienst mit einem 27-jährigen Prediger teilen würde. Er und Dave Stone würden von diesem Zeitpunkt an gemeinsam die Gemeinde leiten. Es war geplant, dass Bob jedes Jahr ein bisschen weniger und Dave dafür ein bisschen mehr predigen sollte. Auf diese Weise sollte gewährleistet sein, dass Bob mehr Zeit für Gemeindeleitungsarbeit hatte und die Gemeinde einen bereits eingearbeiteten Prediger und erfahrenen Nachfolger für Bob bekam.

Das hätte sicher nicht jeder Hauptpastor so fertig gebracht. Prediger mit einem größeren Ego in kleineren Gemeinden erleben oft weit heftigere innere Kämpfe, bevor sie schließlich die Kanzel loslassen können. Aber Bob hat die Gefahren einer Hackordnung erkannt und ist demütig genug, diese Ordnung auf den Kopf zu stellen.

Echte Demut denkt nicht schlecht über sich selbst, sondern realistisch. Das demütige Herz sagt nicht: „Ich kann gar nichts", sondern: „Ich kann nicht alles. Ich weiß, was ich einbringen kann, kenne meine Fähigkeiten und Gaben und freue mich, sie einbringen zu dürfen."

Wenn Paulus in seinem Brief an die Philipper schreibt „erachtet" euch selbst für gering, dann verwendet er dabei im Original ein Verb, das „einschätzen" und „berechnen" bedeutet. Dies beinhaltet eine bewusste Einschätzung, die auf sorgfältig abgewägten Fakten beruht.[2] Andere für besser zu erachten als sich selbst heißt demnach also nicht zu sagen, dass man nirgends einen Platz hat, sondern dass man seinen Platz kennt.

„Schätzt euch nicht höher ein, als euch zukommt. Bleibt bescheiden und maßt euch nicht etwas an, das über die Gaben hinausgeht, die Gott euch geschenkt hat" (Römer 12,3).

Und schließlich: *Applaudiert bereitwillig den Erfolgen*

anderer. Den Römern gibt Paulus folgenden Rat: „Einer komme dem anderen in Ehrerbietung zuvor" (Römer 12,10 L).

William Barclay berichtet von einem renommierten Pädagogen aus dem vergangenen Jahrhundert, der nicht nur bekannt war, weil er so erfolgreich war, sondern vor allem auch wegen der Art, wie er mit seinem Erfolg umging. Einmal, als er zu einem Platz auf einem Podium vortrat, erkannte ihn das Publikum und fing an zu applaudieren. Schockiert drehte er sich um und bat den Mann hinter sich vorzutreten. Dann fing er an, diesem Mann zu applaudieren, davon ausgehend, dass das Publikum diesem Herrn applaudierte, und er stimmte bereitwillig mit ein.[3]

Ein wirklich innerlich demütiger Mensch, begegnet anderen respektvoll und achtet sie.

Und auch hier gilt wieder: Ist nicht Jesus darin unser Vorbild? Er war zufrieden damit, als Zimmermann bekannt zu sein. Er wurde gerne mit dem Gärtner verwechselt. Er diente seinen Jüngern, indem er ihnen die Füße wusch. Er dient uns, indem er mit uns dasselbe tut. Jeden Morgen beschenkt er uns mit der Schönheit eines neuen Tages. Jeden Sonntag lädt er uns an seinen Tisch ein. Jeden Moment wohnt er in unserem Herzen. Und spricht er nicht selbst von dem Tag, an dem „der Herr sie bitten wird, am Tisch Platz zu nehmen, und er selbst wird sich eine Schürze umbinden und sie bedienen" (Lukas 12,37).

Wenn Jesus bereit ist, uns zu ehren, können wir dann nicht dasselbe auch für andere tun? Geben Sie anderen Menschen Priorität. Akzeptieren Sie Ihre Rolle in seinem Plan. Spenden Sie anderen bereitwillig Beifall. Und erachten Sie andere für wichtiger als sich selbst. Das tut die Liebe. Denn die Liebe „prahlt nicht und ist nicht überheblich" (1. Korinther 13,4).

Irgendjemand setzt nun all das zusammen und kommt etwa zu folgender Überlegung: *„Wenn ich glaube,* *dass du wichtiger bist als ich . . . und mich für wichtiger als dich selbst hältst, . . . und er findet, dass sie wichtiger ist als sie selbst . . . und sie ihn wichtiger findet als sich selbst . . . dann fühlt sich am Ende jeder wichtig, benimmt sich aber nicht wichtigtuerisch.*

Hmm, glauben Sie vielleicht, dass Gott genau das vorgehabt hat?

Appell an Ihr gutes Benehmen

Die Liebe ist nicht verletzend.

1. Korinther 13,5

Jesus klopft immer an, bevor er eintritt,
und dabei hätte er das gar nicht nötig,
denn unser Herz gehört ihm bereits.
Wenn jemandem das Recht zustehen würde,
einfach so hereinzuplatzen, dann ihm.
Aber er tut es nicht.
Was dieses zarte Klopfen an unser Herz ist?
Das ist Christus. „Siehe ich stehe vor der Tür
und klopfe an" (Offenbarung 3,20).
Und wenn Sie antworten, wartet er darauf,
dass Sie ihn auch hereinbitten.

Sehen Sie den Fluggast dort an Flugsteig 26? Den Typen da, der die Dame am Ticketschalter mit dem Dackelblick anschaut? Das bin ich. Ja, ich weiß, dass Sie das nicht so gut sehen können, weil der DFW Flughafen völlig überfüllt ist. Wenn Sie jetzt Fühler ausstrecken würden und vier Beine mehr hätten, dann befänden Sie sich in einem menschlichen Ameisenhaufen. Wir sind ein riesiger Haufen, in dem alle über- und untereinander her wuseln.

Daran ist das Wetter in Kanada schuld. Eine Kaltfront hat den gesamten mittleren Westen fest im Griff, lässt den gesamten Flughafen gefrieren und wirbelt Tausende Reisepläne durcheinander, einschließlich meinem.

Als das Flugzeug uns schließlich ausspuckt, hasten wir durch das Gewimmel wie Kunden in einem Supermarkt am Tag nach den Weihnachtsfeiertagen. Weh jedem, der uns in die Quere kommt. Wie sonst sollen wir auch unsere Anschlussflüge bekommen? Selbst bei perfekten Wetterbedingungen bekomme ich den letzten Flug nach San Antonio nur ganz knapp.

Das erklärt meinen Dackelblick. Ich werfe auch das letzte bisschen Charme in die Waagschale, um die Frau am Ticketschalter möglichst mitleidig zu stimmen. Das Flugzeug ist überbucht und meine Zukunft liegt allein in ihren Händen. Was wird sie mir geben – eine Bordkarte oder einen Hotelgutschein?

„Gibt es noch Plätze?" Ich zwinkere ihr zu, aber sie bemerkt es nicht. Ich schiebe einen Zwanziger in ihre Richtung, den sie jedoch ebenfalls nicht bemerkt – oder geflissentlich übersehen wird? Ihr Blick ist fest auf den Bildschirm gerichtet und sie seufzt: „Ich fürchte . . ."

Sie fürchtet? . . . Was?

„Ich fürchte, Sie werden die Nacht auf der Herrentoilette verbringen müssen?"

„Ich fürchte, dass der einzige noch freie Platz in der letzten Reihe zwischen zwei Sumoringern ist?"

„Ich fürchte, Sie melken dieses Beispiel wie eine Kuh, und wenn Sie nicht langsam auf den Punkt kommen, um den es in diesem Kapitel geht, dann schicke ich Sie über Afghanistan nach Hause."

Aber all das sagte sie nicht. Wollen Sie wissen, wie der Satz weiterging? (Hier haben Sie ein Taschentuch. Sie werden es brauchen, denn Sie werden gerührt sein).

„Ich fürchte, es gibt keine freien Plätze mehr. Wir müssen Sie auf die erste Klasse umbuchen. Hätten Sie etwas dagegen?"

„Hätten Sie etwas dagegen, wenn ich Sie küsse?" Also bestieg ich das Flugzeug, machte es mir auf meinem breiten Sitz mit reichlich Beinfreiheit bequem und lächelte wie ein Häftling auf Freigang. Ich kam also nicht nur nach Hause, sondern ich kam sogar stilvoll nach Hause. Ich lehnte mich zurück, schloss die Augen und . . .

„Hey! Hey Stewardess!" Ich öffnete ruckartig die Augen wieder. Zwei Reihen vor mir stand ein Typ. Ein kleiner Typ. Er musste jedenfalls nicht auf seinen Kopf achten, wenn er im Mittelgang aufrecht stand. Dafür musste er aber ein bisschen auf seinen Ton achten. Er war grob, unhöflich und unverschämt.

„Wie kriegt man denn hier ein zusätzliches Kissen? Und was ist mit meinem Drink? Meine Frau und ich haben schließlich den Aufpreis für die erste Klasse gezahlt. Da kann ich doch wohl auch einen besseren Service erwarten!"

Nun war es ganz und gar nicht so, dass die Stewardessen nichts zu tun gehabt hätten, oh nein. Es ging dabei allerdings nur um so nebensächliche Dinge wie dafür Sorge zu tragen, dass die Türen und die Gepäckfächer wirklich gut und richtig verschlossen waren, damit der ohnehin schon eine Stunde verspätete Flug endlich starten konnte. Man hätte doch eigentlich meinen sollen, dass in einer solchen Situation ein zusätzliches Kissen und ein Drink hätten warten können. Aber nicht bei diesem Typ. Schließlich – und inzwischen wussten wir es ja auch alle – hatte er einen Aufpreis gezahlt, um erster Klasse fliegen zu können.

Was ja vielleicht auch den Unterschied zwischen seinem und meinem Benehmen erklärte. Ich bin nicht immer ein gutes Vorbild, aber an diesem Abend war ich ein mustergültiges Beispiel an Höflichkeit und guten Manieren. Man hörte keinen Mucks von mir, nicht das kleinste bisschen Genörgel. Ich beschwerte mich über absolut gar nichts. Keine Bitten oder gar Forderungen von dem Fensterplatz in Reihe vier. Ich war einfach nur glücklich, mit an Bord zu sein. Dieser Herr mit Namen Ich-muss-es-aber-jetzt-sofort-haben hatte für seinen Platz extra bezahlt. Das hatte ich nicht. Meiner war ein Geschenk.

Und es war noch nicht einmal das erste. Gott hatte mir schon lange vor der Fluggesellschaft etwas geschenkt. Wir sprechen von einer Aufwertung! Nicht nur von der Touristenklasse in die erste Klasse, sondern vom Sünder zum Heiligen, von auf dem Weg zur Hölle zu unterwegs in den Himmel, von völlig verwirrt zu großer Klarheit, von schuldig nach gerechtfertigt! Wenn irgendjemand nach oben gefallen ist, dann bin ich das. Ich bin nicht nur unterwegs nach Hause, sondern ich bin auch noch stilvoll unterwegs. Dazu habe ich noch nicht einmal auch nur einen einzigen Cent dafür bezahlt. Und das gilt für jedes Kind Gottes.

Aber benehmen wir uns nicht manchmal so, als hätten wir dafür einen Aufpreis gezahlt? Benehmen wir uns nicht manchmal wie die kissenlose Prinzessin auf der Erbse? Denken Sie einmal einen Augenblick über seine Forderung nach. War sie unangemessen? Nein, das war sie nicht. Ein Kissen gehört zu den Serviceleistungen auf einem Flug dazu. *Was* er wollte, war völlig in Ordnung. Aber die *Art und Weise,* wie er es einforderte, war nicht nur nicht in Ordnung, sondern absolut daneben.

Sein Timing war erbärmlich; er hätte sich problemlos noch ein bisschen gedulden können. Sein Ton war barsch und fordernd und die Stewardessen hatten seine herablassende Haltung wahrhaftig nicht verdient. Sein Zeitplan war egoistisch. Er wollte nicht nur ein Kissen, sondern er wollte im Mittelpunkt stehen und alle Aufmerksamkeit haben. In der Bibel wird dieses Benehmen als *ungehörig* bezeichnet. In der Definition von Paulus, wie Liebe nicht ist, zählt Paulus den Begriff „ungehörig" mit auf (1. Korinther 13,5).

Das griechische Wort für ungehörig bedeutet so viel wie „schändlich".

Ein Beispiel für Ungehörigkeit gab es kürzlich auch in einem Fall, der die Gerichte von Minnesota beschäftigte. Ein Mann war beim Paddeln aus dem Kanu gefallen und hatte völlig die Beherrschung verloren. Obwohl am Ufer des Flusses viele Familien mit Kindern campten und Ferien machten, verseuchte er die Umwelt mit den unzähligen Obszönitäten, die er von sich gab. Ein paar der Familien verklagten ihn daraufhin.

Doch er argumentierte: „Ich habe meine Rechte."

Aber Gott beruft uns zu einem höheren Anliegen. Nicht „Was sind meine Rechte?", lautet die Frage, sondern: „Was ist liebevoll?"

Haben Sie das Recht, ein Gespräch an sich zu reißen? Ja, aber ist es auch liebevoll, sich so zu verhalten?

Haben Sie das Recht, so zu tun, als würden Sie Ihre Frau nicht verstehen? Wahrscheinlich haben Sie dieses Recht, aber ob Ihr Verhalten auch liebevoll ist?

Es ist sicherlich nicht strafbar, einen Angestellten im Laden anzuschnauzen oder seine Kinder, aber ist ein solches Verhalten liebevoll?

Denalyn hat das Recht, mitten in der Doppelgarage zu parken, was sie auch ziemlich oft getan hat. So kam es, dass ich häufig beim Öffnen des Garagentors feststellte, dass sie in unserer Doppelgarage halb auf ihrem Parkplatz stand und halb auf meinem. Ich reagierte darauf meistens mit einem freundlichen Hinweis.

„Denalyn", sagte ich dann beim Betreten des Hauses,

„da steht in der Garage irgendein Auto, das zwei Park-
plätze besetzt."

Vielleicht habe ich das dann eines Tages etwas nach-
drücklicher gesagt. Vielleicht war mein Tonfall etwas
schärfer. Ich weiß wirklich nicht, was passiert ist, aber
sie fing irgendwann damit an, auf ihrer Seite der Garage zu parken. Eines Tages hörte ich zufällig mit, wie
meine Tochter Denalyn fragte, wieso sie eigentlich nicht
mehr in der Mitte der Garage parke.

„Ist das denn so eine große Sache, Mama?"

„Nein, für mich nicht, aber für Papa anscheinend
schon. Und wenn es für ihn wichtig ist, dann ist es auch
für mich wichtig."

War das nicht höflich? War das nicht wirklich chris-
tusähnlich? Vielleicht haben Sie den Begriff *Höflichkeit*
ja bis jetzt gar nicht mit Jesus in Verbindung gebracht.
Ich habe das auch nie getan, bis ich dieses Kapitel
schrieb.

Aber Sie wissen ja, wie das ist. Erwartet man selbst
ein Kind, sieht man überall Leute, die Kinderwagen
schieben. Ich hatte bis zu diesem Zeitpunkt noch nie
viel über die Manieren Christi nachgedacht, aber als ich
damit anfing, bekam ich langsam den Eindruck, dass
im Vergleich zu ihm Knigge ein echter Rüpel war.

Jesus klopft immer an, bevor er eintritt, und dabei
hätte er das gar nicht nötig, denn unser Herz gehört ihm
ohnehin bereits. Wenn jemand das Recht hätte, einfach
hereinzuplatzen, dann er. Aber er tut es nicht. Was dieses zarte Klopfen an unser Herz ist? Das ist Jesus. „Siehe ich stehe an der Tür und klopfe an" (Offenbarung
3,20). Und wenn Sie dann antworten, wartet er darauf,
dass Sie ihn hereinbitten.

So behandelte er auch die beiden Jünger auf dem Weg
nach Emmaus. Der auferstandene Jesus rechnete nicht
automatisch mit ihrer Gastfreundschaft. Als sie das
Haus betraten, folgte er ihnen nicht, sondern erst als sie
ihn bedrängten, doch hereinzukommen, tat er es (Lukas

24,29). Erstaunlich! Erst Tage zuvor war er für ihre Sünde gestorben. Jeder Engel im gesamten Universum wäre froh gewesen, von ihm als Fußabtreter benutzt zu werden, aber Jesus, ganz Gentleman, stolziert nicht, sondern geht ganz normal.

Und wenn er eintritt, bringt er immer ein Geschenk mit. Manche bringen Chianti und Blumen als Gastgeschenk, Christus bringt „die Gabe des heiligen Geistes" (Apostelgeschichte 2,38). Und während er da ist, bedient er seine Gastgeber. „Auch der Menschensohn ist nicht gekommen, um sich bedienen zu lassen, sondern um zu dienen" (Markus 10,45). Wenn Sie Ihre Schürze vermissen, er hat sie an. Er bedient die Gäste, nachdem sie sich gesetzt haben (Johannes 13,4–5). Er isst erst dann, wenn er das Dankgebet gesprochen hat und geht erst, wenn alles aufgeräumt ist und die Reste entsorgt sind (Matthäus 14,19–20).

Er ist mutig genug, Ihnen seinen Namen zu verraten (2. Mose 3,15) und Sie sein zu nennen (Johannes 10,3). Und wenn Sie reden, unterbricht er Sie nie. Sind Sie schon einmal bei einem Arzt gewesen, der so viel zu tun hatte, dass er Ihnen schon ein Rezept in die Hand gedrückt hatte, bevor Sie überhaupt gesagt hatten, was Ihnen fehlt? So ist Jesus nicht. Er könnte so sein. „Jesus weiß genau, was ihr braucht, noch ehe ihr ihn um etwas bittet" (Matthäus 6,8). Er weiß auch schon, was Sie getan haben, bevor Sie ihn um Vergebung bitten. „Gottes Augen bleibt nichts verborgen; vor ihm ist alles sichtbar und offenkundig" (Hebräer 4,13). Ein weniger höflicher Gott würde Sie mitten im Satz unterbrechen und Ihnen weitere Missetaten aus der Vergangenheit aufzählen. Jesus ist nicht so. Er ist nicht unhöflich und grob. Er hört zu.

Und er ist sogar pünktlich. Nie zu spät. Nie zu früh. Wenn Sie auf die Uhr schauen, dann weil Sie sich nach einem anderen Fahrplan richten. „Alles hat seine Zeit" (Prediger 3,1). Und Jesus hält sich an seinen Zeitplan.

Er öffnet Ihnen sogar die Tür. Paulus konnte in Troas predigen, weil „der Herr eine Tür geöffnet" hatte (2. Korinther 2,12).

Als ich meinen Vater einmal fragte, weshalb ich Frauen die Tür aufhalten solle, bestand seine Antwort nur aus einem einzigen Wort: Respekt. Jesus muss wirklich großen Respekt vor Ihnen haben.

Er klopft an, bevor er eintritt. Er bringt immer ein Geschenk mit. Er trägt das Essen auf und räumt hinterher den Tisch ab. Er dankt. Er kennt Ihren Namen und stellt sich Ihnen auch mit Namen vor, und dann ist da noch etwas: Er rückt Ihnen Ihren Stuhl zurecht, damit Sie Platz nehmen können.

„Durch ihn sind wir dem Tod entrissen und haben einen Platz in Gottes Reich" (Epheser 2,6).

Meine Frau hat ein Herz für alleinstehende Mütter. Sie lädt gerne eine Witwe oder eine geschiedene Frau mit ein, wenn wir im Restaurant essen gehen. Im Laufe der Jahre habe ich die Erfahrung gemacht, dass diese Frauen eine bestimmte Sache allgemein zu schätzen wissen. Sie haben es fast alle gern, wenn ich Ihnen den Stuhl zurechtrücke, bevor sie Platz nehmen. Mehr als einmal hat sich eine Frau dafür ausdrücklich bedankt. Dabei denke ich besonders an eine bestimmte Frau.

„Ach", sagte sie errötend und wischte sich ihre plötzlich feuchten Augen „es ist schon eine ganze Weile her, dass das jemand für mich gemacht hat."

Ist es bei Ihnen auch schon eine Weile her? Menschen können wirklich unhöflich und grob sein. Wir schnappen anderen den Parkplatz weg. Wir vergessen Namen. Wir fallen anderen ins Wort. Wir versetzen Leute. Fehlt uns ein bisschen Höflichkeit? Ist es auch bei Ihnen eine Weile her, dass Ihnen jemand den Stuhl zurechtgerückt hat?

Dann lassen Sie es Jesus tun. Hasten Sie nicht über diesen Gedanken hinweg und tun Sie ihn auch nicht ab. Nehmen Sie die Höflichkeit Jesu an. Er ist Ihr Bräutigam. Erweist der Bräutigam seiner Braut nicht Wertschätzung? Achtet er die Braut nicht über die Maßen? Ehrt er die Braut nicht? Lassen Sie Jesus das tun, wonach er sich sehnt.

Denn wenn Sie seine Liebe annehmen, werden Sie es einfacher finden, auch Liebe an andere weiterzugeben. Wenn Sie überlegen, wie höflich er zu Ihnen ist, werden Sie eher bereit sein, selbst auch zu Ihren Mitmenschen höflich zu sein.

Ist Ihnen schon einmal aufgefallen, dass der erste Teil des Wortes höflich etwas mit „Hof", „höfisch" zu tun hat? Ursprünglich bedeutet höflich zu sein, sich so zu verhalten wie bei Hofe, also am Königs- oder Fürstenhof. Von der Familie und den Bediensteten des Königs wurde erwartet, dass sie sich an eine gehobene Etikette hielten.

Und so ist das auch bei uns. Sind wir nicht auch dazu aufgefordert, den König zu repräsentieren? „Genauso soll euer Licht vor allen Menschen leuchten. An euren Taten sollen sie euren Vater im Himmel erkennen und ihn auch ehren" (Matthäus 5,16).

Manchmal tragen die Mitarbeiter unsere Gemeinde T-Shirts mit dem Aufdruck des Namens unserer Gemeinde. An einem solchen Tag brauchte eine der Mitarbeiterinnen einmal eine besondere Pfanne, und sie telefonierte so lange herum, bis sie in einem Laden am anderen Ende der Stadt die richtige aufgetrieben hatte. Sie nahm eine lange Autofahrt durch verstopfte Straßen auf sich, nur um am Ziel auf eine missmutige Verkäuferin zu treffen, die ihr sagte, dass sie dieses Produkt nicht mehr führen würden. Die Mitarbeiterin fing jetzt an, genauso patzig zu reagieren, wie sie behandelt wurde, erinnerte sich dann aber daran, dass sie ja das T-Shirt mit der Aufschrift trug – und änderte daraufhin ihr Verhalten.

Die Wahrheit ist, dass wir alle ein T-Shirt tragen. „Denn ihr alle, die ihr auf Christus getauft seid, habt Christus angezogen" (Galater 3,27, L). Wir tragen Jesus am Körper. Und diejenigen, die nicht an Jesus glauben, achten sehr wohl darauf, wie wir uns benehmen. Sie treffen in Bezug auf Jesus Entscheidungen, indem sie uns beobachten. Wenn wir großzügig sind, schließen sie daraus, dass Jesus es ebenfalls ist. Wenn wir aber kurz angebunden und patzig sind, wie denken Sie dann wohl über unseren König? Wenn wir unehrlich sind, welche Vermutungen werden Sie dann über unseren Meister anstellen? Es ist nicht weiter verwunderlich, wenn Paulus sagt: „Verhaltet euch klug und besonnen denen gegenüber, die keine Christen sind. Denkt daran, dass euch nicht mehr viel Zeit bleibt.

Redet mit jedem Menschen freundlich, aber scheut euch nicht, die Wahrheit zu sagen. Dann werdet ihr schon für jeden die richtigen Worte finden" (Kolosser 4,5–6). Höflichkeit ehrt Jesus Christus.

Und es ehrt auch seine Kinder. Wenn Sie jemandem Ihren Parkplatz überlassen, dann erweisen Sie ihm dadurch Respekt. Wenn Sie ein geliehenes Buch zurückgeben, dann ist das ein Zeichen des Respekts für die Person, die es Ihnen geliehen hat. Wenn Sie sich die Mühe machen, jeden im Raum zu begrüßen, vielleicht besonders diejenigen, die leicht übersehen werden, dann ehren Sie damit Kinder Gottes.

In seinem Buch *Handyman of The Lord* (Handwerker Gottes) erzählt William Borders die Geschichte eines Schwarzen, der so arm ist, dass er um Essen betteln muss. Als er an der Haustür eines Herrensitzes in den Südstaaten läutet, wird dem Mann vom Hausherrn gesagt, er solle nach hinten an den Dienstboteneingang gehen, dort werde er etwas zu essen bekommen. Der Besitzer des Anwesens trifft ihn dann an der Hintertür und sagt: „Erst wollen wir ein Gebet sprechen. Also sprechen Sie mir nach. „Vater unser im Himmel . . .“

Der hungrige Mann sagt: „Vater euer im Himmel . . .“

„Nein", korrigiert ihn der Hausbesitzer, „Vater *unser* im Himmel . . .“

Aber der Bettler sagt wieder „Vater euer im Him-mel . . .“

Frustriert fragt jetzt der Hausherr: „Wieso sagen Sie so hartnäckig ‚euer Vater‘, obwohl ich immer wieder vorspreche ‚unser Vater‘?“

Darauf antwortet der Mann: „Wenn ich ‚Vater unser‘ sage, dann bedeutet das doch, dass Sie und ich Brüder sind, aber ich fürchte, dass es dem Herrn nicht gefällt, wenn Sie Ihren Bruder auffordern, sich ein Stück Brot an der Hintertür abzuholen.“[1]

Höflichkeit ehrt Gott und seine Kinder. „Soweit es ir-gend möglich ist und von euch abhängt, lebt mit allen Menschen in Frieden“ (Römer 12,18). Die Einstellung anderer Menschen haben Sie nicht im Griff, aber an Ih-rer eigenen können Sie sehr wohl etwas tun.

Außerdem schauen Sie doch mal, wo Sie sitzen. Sie hätten ebenso gut auch von der Passagierliste gestri-chen werden können. Stattdessen sind Sie jetzt erster Klasse unterwegs. Also seien Sie locker und genießen Sie die Reise. Sie fahren stilvoll nach Hause.

Das „Ich" in seine Schranken weisen

Die Liebe kennt keine Selbstsucht . . .
Sie ist nicht auf sich selbst bedacht.
1. Korinther 13,4–5

Bekommen Sie sich selbst aus dem Blick,
indem Sie den Blick von sich selbst fort richten.
Hören Sie auf, Ihr kleines Selbst anzustarren,
und konzentrieren Sie sich ganz auf Ihren großen
Erlöser.

Es gibt eine Krankheit, zu der die Beulenpest im Vergleich wie eine leichte Erkältung scheint. Zählen Sie alle Todesopfer aller Infektionen, Fieber und Seuchen seit Anbeginn der Zeit zusammen und Sie kommen immer noch nicht auf die Anzahl derer, die von diesem Gebrechen befallen sind.

Es tut mir Leid, dass gerade ich es bin, der es Ihnen sagen muss, aber Sie sind auch infiziert. Sie leiden darunter. Sie sind ein Opfer – ein Überträger des Erregers. Sie weisen die typischen Symptome auf und haben alle Anzeichen. Sie haben einen Fall von – wappnen Sie sich – Selbstsucht.

Sie glauben mir nicht?

Nehmen wir einmal an, Sie sind auf einem Gruppenfoto abgebildet. Wenn Sie das Foto zum ersten Mal sehen, wohin schauen Sie dann zuerst? Und wenn Sie gut aussehen, gefällt Ihnen das Bild dann? Wenn manche der anderen Abgebildeten schielen oder Spinat zwischen den Zähnen haben, gefällt Ihnen das Bild dann noch immer? Wenn es Ihnen in diesem letzteren Fall sogar noch besser gefällt, dann sind Sie wirklich ein schwerer Fall dieser Krankheit.

Und wie steht es um die körperlichen Anzeichen dieser Krankheit?

Klauenartige Hände. Krallen sich Ihre Hände manchmal an Besitz fest?

Vorstehende Zähne. Zeigen Sie die Zähne, wenn Sie unterbrochen oder verärgert werden?

Schwere Füße. Wenn ein Auto vor Ihnen auf Ihre Spur einscheren will, spüren Sie dann auch plötzlich, wie Ihr Fuß auf dem Gaspedal bleischwer wird?

Schultern in Überbreite. Sind Sie wund vom ständigen Klopfen auf die eigenen Schultern?

Und Ihr Hals. Ist der schon ganz verspannt vom ständigen Nase hoch halten?

Was aber am auffälligsten ist, sehen Sie sich in die

Augen. Schauen Sie sich lange genug in die eigenen Pupillen. Sehen Sie die winzige Gestalt darin? Das Bild einer Person? Ihr Abbild?

Egoisten sehen alles durch die Brille ihres Egos. Ihr Motto lautet: „Es dreht sich alles um mich." Der Flugplan, das Verkehrsaufkommen, die Mode. Die unterschiedlichen Arten der Anbetung. Das Wetter, die Arbeit, ob man arbeitet oder nicht – alles wird durch dieses Mini-Ich in meinem Auge gefiltert.

Egoismus – ein Zustand, der tödlich sein kann.

Hören Sie, was Jakobus dazu sagt: „Wo nämlich Neid und Ehrgeiz (Selbstsucht) herrschen, da gibt es Unordnung und böse Taten jeder Art" (Jakobus 3,16).

Sie wollen dafür Beweise?

Lassen Sie uns einen Blick in die Zeitung werfen, und zwar in die Ausgabe von heute. Wie viele Beispiele für Egoismus werden wir wohl schon auf den ersten paar Seiten finden?

Ein junges Mädchen ist in einem Autowrack ums Leben gekommen. Ihr Freund hat bei einem Straßenrennen auf einer breiten Stadtautobahn mitgemacht, in dessen Verlauf sich das Auto dann um einen Telefonmast wickelte.

Die größte Ölgesellschaft der Welt hat Konkurs angemeldet. Die Aufsichtsräte wussten alle schon seit langem, dass das Schiff leck geschlagen war, behielten ihr Wissen aber für sich, damit ihnen noch genügend Zeit blieb, ihre eigenen Schäfchen ins Trockene zu bringen und Millionenbeträge für sich beiseite zu schaffen.

Ein prominenter Bürger wurde wegen Kinderpornographie zu einer Gefängnisstrafe verurteilt.

Egoismus ist für eine Gesellschaft dasselbe wie die Exxon Valdez für Muscheln und Seeotter – tödlich. Da verwundert es nicht weiter, wenn Paulus schreibt: „Tut nichts aus Eigennutz oder um eitler Ehre willen, sondern in Demut achte einer den anderen höher als sich selbst, und ein jeder sehe nicht auf das Seine, sondern auch auf das, was dem andern dient" (Philipper 2,3-4, Luther).

Auf den ersten Blick scheint es so, dass man dem Maßstab, der in diesem Abschnitt gesetzt wird, unmöglich gerecht werden kann. Nichts? Wir sollen nichts für uns selbst aus Eigennutz tun? Kein neues Kleid, kein neuer Anzug? Was ist mit einer guten Ausbildung oder dem Anlegen von Ersparnissen? Könnte man all das nicht auch als egoistisch oder eigennützig betrachten?

Das könnten Sie durchaus, aber es ist an dieser Stelle wichtig, ganz genau zu verstehen, was Paulus meint. Das Wort, das er im Originaltext mit der Bedeutung eigennützig verwendet, hat eine gemeinsame Wurzel mit dem Wort für streben und streitsüchtig sein. Es meint also eine Beschäftigung mit der eigenen Person, die anderen schadet. Eine entzweiende, Uneinigkeit schaffende Überheblichkeit. Autoren des ersten Jahrhunderts haben diesen Begriff zur Beschreibung von Politikern verwendet, die ihr Amt durch illegale Machenschaften und Manipulation bekommen haben oder für eine Hure, die einen Freier verführt und damit sich selbst und den Mann erniedrigt.[1] Selbstsucht ist eine zwanghafte Fixierung auf die eigene Person, die andere ausschließt und jedem schadet.

Auf die eigenen Interessen zu achten und sich um sich selbst zu kümmern, ist angemessener Umgang mit dem eigenen Leben. Wenn dabei jedoch alle anderen ausgeschlossen werden und keine Rolle mehr spielen, dann liegt eindeutig Egoismus vor. Das Wort „auch" in Vers 4 ist an dieser Stelle bedeutsam. Wir sollen uns also nicht nur um unsere eigenen Belange kümmern, sondern auch die der anderen im Blick haben.

Sie wünschen sich Erfolg? Schön. Nur schaden Sie anderen dabei nicht. Sie möchten hübsch aussehen? Das ist völlig in Ordnung, aber versuchen Sie nicht, das zu erreichen, indem Sie dafür sorgen, dass die anderen schlecht dastehen. Die Liebe ist nicht selbstsüchtig.

Ich aber war es sehr wohl. Und dabei habe ich ein unglaubliches Durcheinander angerichtet.

An einem Montag vor einigen Wochen hatte ich den gesamten Tag für die Predigtvorbereitung eingeplant. Ein dringender Anruf warf jedoch all meine Pläne über den Haufen. Kein Problem, sagte ich mir, dann fange ich eben am Dienstag damit an. Aber ein paar nette Leute hatten da andere Ideen. Es war ein ganz bestimmtes Projekt in die Wege geleitet worden, das genau an diesem Tag stattfinden sollte, und außerdem war wichtige Korrespondenz zu erledigen. Dann mussten noch ein paar Rechnungen bezahlt werden, und – oh ja, ich hatte ganz vergessen, dass da noch dieses Mittagessen war. Es war zwar nicht ganz der Terminplan, den ich mir vorgestellt hatte, aber es gab ja schließlich noch den Mittwoch.

Am Mittwoch dauerte die Mitarbeitersitzung ziemlich lange. Ich trommelte mit den Fingern auf der Tischplatte, aber niemand verstand den dezenten Hinweis. Ich räusperte mich und spielte an meiner Armbanduhr herum, aber auch darauf reagierte niemand. Endlich war die Sitzung zu Ende und ich konnte arbeiten. „Vergessen Sie nicht, so und so anzurufen", rief mir noch jemand nach, als ich das Sitzungszimmer verließ. „In einer Stunde muss er weg." So und so war guter Dinge. In Plauderstimmung. Ich war eher in der „Geht's-vielleicht-auch-etwas-schneller"-Stimmung. In einer konzentrierten Stimmung. Der Sonntag rückte näher und die Zeiger der Uhr rückten erbarmungslos vor. Ich hatte Arbeit für den Herrn zu tun, und dabei waren mir die Menschen aus meinem Umfeld einfach im Weg.

Schließlich kam ich am Nachmittag dazu, mich hinzusetzen. Das Telefon klingelte. Es war meine Frau. Sie hatte ekelhaft gute Laune. „Bis später bei der Abschlussfeier dann", erinnerte sie mich.

„Abschlussfeier?"

„Andrea hat doch heute ihre Schulabschlussfeier."

Was für eine blöde Planung, ausgerechnet für heute diese Feier anzusetzen.

„Und", fuhr sie fort, immer noch übelkeitserregend fröhlich, „könntest du bitte Jenna von der Schule abholen und mit nach Hause bringen?"

Hat denn diese Frau keine Ahnung, was es heißt, eine Berufung zu haben? Ist sie sich meines Platzes in der Geschichte denn gar nicht bewusst? Hungrige Seelen brauchen meine Arbeit. Verdorrte Seelen brauchen meine Erkenntnisse. Die Engel selbst stehen Schlange, um mich Sonntag von der ersten Reihe aus predigen zu hören, und sie will, dass ich den Chauffeur spiele?

„Also gut", grummelte ich und gab mir nicht einmal Mühe, meine Verärgerung zu verbergen.

Ich war verärgert. Und weil ich verärgert war, schimpfte ich mit Jenna, weil sie sich nicht beeilte, als sie zum Auto kam.

Ich war verärgert. Und weil ich verärgert war, vergaß ich während des Abschlussgottesdienstes dankbar zu sein.

Ich war verärgert. Und weil ich verärgert war, sagte ich: „Lass uns jetzt gehen, Andrea", statt zu sagen „Zeit genug, Andrea."

Ich war verärgert. Mein Tag war nicht so gelaufen, wie ich es mir vorgestellt hatte. Der kleine Max in meinen Augen war so groß geworden, dass ich nichts anderes mehr sehen konnte als ihn.

Aber anscheinend war Gott wild entschlossen, all das zu ändern. Am Mittwoch gegen 17.00 Uhr, also ungefähr 56 Stunden nachdem ich eigentlich mit meiner Predigtvorbereitung hatte beginnen wollen, schlug ich die Bibel auf und las den Wochentext, und da standen genau die Worte, um die es in diesem Kapitel geht: „Weder Neid noch blinder Ehrgeiz sollen euer Handeln bestimmen. Im Gegenteil, denkt von euch selbst gering, und achtet den anderen mehr als euch selbst. Denkt nicht immer zuerst an euch, sondern kümmert und sorgt euch auch um die anderen" (Philipper 2,3-4).

Erinnern Sie sich noch an die Bibelstelle, wo das Wort Gottes mit einem Schwert verglichen wird? Ertappt. So wie ein Arzt eine Diagnose verkündet, erklärte diese Stelle meine Krankheit: Egoismus. Wegen dieses kleinen Ichs in meinen Augen, konnte ich nicht mehr sehen, was ich alles hatte und wofür ich dankbar sein konnte.

Liebe baut Beziehungen auf, Egoismus unterhöhlt und zerstört sie. Kein Wunder, dass Paulus seinen Appell so dringlich macht: „Weder Neid noch blinder Ehrgeiz sollen euer Handeln bestimmen" (Philipper 2,3).

Aber werden wir nicht alle als Egoisten geboren? Und wenn es so ist, können wir dann überhaupt etwas dafür, dass wir egoistisch sind? Oder vielleicht besser ausgedrückt, ist es überhaupt möglich, unser kleines Selbst aus dem Blick zu bekommen? Nach Aussage der Bibel geht das:

Ist nun bei euch Ermahnung in Christus, ist Trost der Liebe, ist Gemeinschaft des Geistes, ist herzliche Liebe und Barmherzigkeit, so macht meine Freude dadurch vollkommen, dass ihr eines Sinnes seid, gleiche Liebe habt, einmütig und einträchtig seid. Philipper 2,1–2

Worin besteht nun also die aussichtsreichste Therapie gegen Egoismus?

Entfernen Sie dieses kleine Ich aus Ihren Augen, indem Sie von sich selbst weg sehen. Hören Sie auf, dieses kleine Selbst anzustarren und konzentrieren Sie sich auf Ihren großartigen Erlöser.

Ein Freund von mir, der Pastor in einer Gemeinde der Episkopalkirche ist, hat mir einmal erklärt, weshalb er sich am Ende jedes Gebetes bekreuzigt. „Wenn ich meine Stirn und meine Brust berühre, ist das wie ein großes I (englisch: Ich). Wenn ich danach erst die eine und dann die andere Schulter berühre, wird das I in der Mitte durchtrennt."

Ist nicht genau das die Wirkung des Kreuzes? Ein kleineres Ich und ein größerer Christus? Legen Sie nicht den Fokus auf sich selbst, sondern auf all das, was Sie in und durch Christus haben. Legen Sie den Fokus darauf, wie Christus Sie ermutigt, Sie tröstet, legen Sie ihn auf die Liebe Christi, die Gemeinschaft des Geistes, die Zuneigung und das Mitgefühl des Himmels.

Wenn wir uns wirklich in erster Linie und ganz auf Jesus Christus konzentrieren, dann sind wir nicht wie der Arzt in Arkansas: Es war eine Fehldiagnose, als er bei einer Patientin den Tod feststellte. Die Familie wurde benachrichtigt und der Ehemann trauerte tief. Stellen Sie sich die Überraschung der Krankenschwester vor, als sie feststellte, dass die Frau doch noch lebte!

„Informieren Sie lieber sofort die Familie", drängte sie den Arzt.

Der Arzt, dem die ganze Sache natürlich unglaublich peinlich war, rief den Ehemann also an und sagte: „Ich muss mit Ihnen über den Zustand Ihrer Frau sprechen."

„Über den Zustand meiner Frau?", fragte der irritierte Mann nach. „Ich denke, sie ist tot."

Der Stolz des Arztes ließ aber statt eines Schuldeingeständnisses nicht mehr zu als die Aussage: „Nun, es ist eine leichte Besserung eingetreten."

Leichte Besserung? Na, wenn das nicht die Untertreibung des Jahrhunderts war! Lazarus tritt aus seinem Grab heraus und er bezeichnet das als „leichte Besserung?"

Er war so besorgt um sein eigenes Image, dass er eine wunderbare Gelegenheit zur Freude und zum Feiern verpasste. Wir lachen zwar darüber, aber machen wir es im Grunde nicht genauso? Statt unserer Beerdigung gibt es ein Freudenfest. Wir hätten eigentlich ein Bad in heißer Lava verdient, dürfen stattdessen jedoch im Meer der Gnade baden.

Wenn man sich aber einmal unsere Gesichter anschaut, dann könnte man meinen, wir hätten nur eine „leichte Besserung" erfahren.

„Wie geht's denn so?", fragt uns jemand.

Und wir, die wir von den Toten auferweckt wurden, sagen: „Na ja, muss ja", oder „Ach, ich habe heute Morgen vor der Firma keinen Parkplatz gefunden", oder „Meine Eltern erlauben mir nicht auszuziehen", oder „Die Leute lassen mich einfach nicht in Ruhe, damit ich meine Predigt über Egoismus schreiben kann."

Mal ehrlich. Wir klagen auf hohem Niveau. Glauben Sie, dass Paulus uns dazu gerne ein paar Worte sagen würde? Schauen Sie so intensiv auf all das, was Ihnen fehlt, dass Sie für all das, was Sie haben, völlig blind sind? Haben Sie Ermutigung erfahren? Gemeinschaft? Trost? Und haben Sie dann nicht Grund, sich zu freuen?

Kommen Sie. Kommen Sie durstig. Trinken Sie in tiefen Zügen von der Güte Gottes.

Das Quellgebiet des Zorns

Liebe ist . . .
weder reizbar noch nachtragend.
1. Korinther 13,5

Gott wird es Blumen regnen lassen auf Ihre Welt.
Er liefert Ihnen persönlich jeden Tag einen
Strauß.
Nehmen Sie ihn an!
Und wenn dann Ablehnung und Zurückweisung
kommen,
haben Sie immer noch genügend Blütenblätter.

Ein Blick auf die beiden Brüder ließ zunächst keinerlei Verdacht aufkommen. Wenn man sie so gemeinsam aus dem Lobpreisgottesdienst kommen sah, gaben sie wirklich keinen Anlass zur Sorge. Wie jedes andere Geschwisterpaar, hatten auch sie immer wieder ihre Meinungsverschiedenheiten, aber sonst . . . Der eine war seiner Mutter sehr ähnlich, der andere kam eher nach dem Vater. Einer von ihnen hatte ein Händchen für Viehzucht, dem anderen lag eher der Ackerbau. Darüber hinaus schienen sie ziemlich gleich. Sie passten zueinander, waren schließlich auch in derselben Kultur aufgewachsen, hatten in denselben Hügeln herumgetollt. Sie hatten mit denselben Tieren gespielt, redeten im selben Dialekt, beteten denselben Gott an.

Aber warum brachte dann der eine den anderen um? Wieso dieser gewalttätige Übergriff. Was brachte den einen Bruder dazu, sich gegen den anderen zu wenden und dessen Blut zu vergießen? Warum brachte Kain Abel um?

Wenn man diese Frage beantwortet, beleuchtet man damit auch eine weitere, umfassendere. Hinter der Frage nach dem Mord steht nämlich auch die nach dem Zorn.

„Darüber wurde Kain zornig", heißt es in 1. Mose 4,5. Wirklich zornig. Zornig genug, um zu töten. Aber was machte ihn so wütend?

Zorn als solcher ist ja noch keine Sünde. Dass auf unserer Gefühlsskala auch Zorn zu finden ist, ist ursprünglich sogar Gottes eigene Idee.

„Zürnt ihr, so sündigt nicht" (Epheser 4,26, L) heißt es in der Bibel. Es ist also möglich, das zu empfinden, was Kain empfand, ohne das zu tun, was Kain tat. Zorn ist keine Sünde, kann aber sehr leicht zur Sünde führen. Vielleicht bringt Sie Ihr Zorn nicht dazu, Blut zu vergießen, aber macht er Sie empfindlich, ärgerlich, jähzornig, leicht eingeschnappt? Explodieren Sie leicht?

Das sind keine Begriffe, die ich in diesem Zusammenhang benutze, sondern Paulus tut das. Nach Aussage des Apostels ist die Liebe nicht

- empfindlich,
- reizbar,
- schnell beleidigt,
- leicht wütend zu machen.

Auf Kain traf das alles zu und noch einiges mehr. Aber warum war das so? Wieso diese kurze Lunte? Und wieder gibt der Text darauf eine Antwort: „Abels Opfer nahm der Herr an, das von Kain aber nicht. Darüber wurde Kain zornig und starrte mit finsterer Miene vor sich hin" (1. Mose 4,4–5).

Interessant. An dieser Stelle ist in der Bibel zum ersten Mal von Zorn die Rede. Von hier an bis zum Kartenanhang taucht er dann einige hundert Mal auf, aber zum allerersten Mal hier. Er fährt vor bis zum Bordstein und steigt aus dem Auto, und schauen Sie doch mal, wer da bei ihm auf dem Beifahrersitz Platz genommen hat – Ablehnung, Zurückweisung. Zorn und Zurückweisung treten auch in der Bibel ziemlich häufig gemeinsam auf. Zorn durchzieht viele Seiten. Und mehr als einmal wird Zurückweisung mit Brandstiftung gleichgesetzt.

Die Söhne Jakobs wurden von ihrem Vater zurückgesetzt. Er verhätschelte Josef und setzte die anderen zurück. Die Folge? Die Brüder waren zornig. „Natürlich merkten Josefs Brüder, dass ihr Vater ihn bevorzugte. Sie hassten ihn deshalb und redeten kein freundliches Wort mehr mit ihm" (1. Mose 37,4).

Saul wurde von seinem Volk zurückgewiesen. Bei der Wahl seines Helden entschied es sich lieber für den hellhaarigen David als für den gesalbten König. Die Folge? Saul war plötzlich abgeschrieben. „Und die Frauen sangen im Reigen und sprachen: Saul hat tausend erschlagen, aber David zehntausend. Da ergrimmte Saul sehr" (1. Samuel 18,7–8 L).

Davids Wirken wurde von Gott zurückgewiesen. Sein Plan, die Bundeslade mit einem Karren zu befördern gefiel dem Vater nicht. Und als Usa etwas berührte, was er nicht hätte berühren sollen, ließ er „Usa auf der Stelle tot zu Boden fallen" (2. Samuel 6,8).

Und Jona. Der Kerl hatte ein gewaltiges Zornproblem. Er war der Meinung, dass die Einwohner von Ninive die Gnade Gottes nicht verdient hatten, während Gott sehr wohl dieser Meinung war. Indem Gott den Bewohnern von Ninive vergab, wies er Jonas Meinung zurück. Und was bewirkte diese Zurückweisung bei Jona? „Jona aber ärgerte sich sehr darüber, voller Zorn" (Jona 4,1).

Ich möchte eine so vielschichtige Empfindung keinesfalls zu sehr vereinfachen. Zorn hat viele Ursachen: Ungeduld, unerfüllte Erwartungen, Stress, Schiedsrichter, die nicht wissen, was Abseits ist – oh, Entschuldigung, das war nur ein Flashback zu einem Fußballspiel der Schulmannschaft in der Oberstufe. Das Feuer des Zorns besteht aus vielen Holzscheiten, aber wenn man sich die biblischen Berichte etwas genauer anschaut, dann ist der dickste und heißeste Scheit der der Zurückweisung.

Eine seltsame Begegnung hat mir einmal persönlich Gelegenheit gegeben, diese Grundaussage aus erster Hand zu erfahren. Ich trottete während eines Einkaufsbummels meiner Frau und den Töchtern hinterher. Das gehört zum Los des Ehemannes und Vaters dreier Töchter. Weil ich nicht gerade ein begeisterter Shopper bin, habe ich die Angewohnheit, mir die Wartezeiten in Geschäften mit Lesen zu versüßen. Wir betreten einen Laden, meine Damen sehen sich nach Schnäppchen um und ich mich nach einer Sitzgelegenheit (ein Tipp für Händler: Ein paar bequeme Sessel können durchaus zu Umsatzsteigerungen führen). In diesem Laden jedoch gab es nicht einmal einen schlichten Stuhl. Es war ein teurer Schickimicki-Handtaschenladen, wo man offenbar davon ausging, dass in der Gegenwart der dort ausgestellten Kreationen niemand den ernsthaften Wunsch haben konnte zu sitzen. Also suchte ich eine Ecke, in der ich mich auf den Boden setzte und in der Welt der Fiktion versank.

„Ähem."

Als ich von meinem Buch aufblickte, sah ich ein paar sehr spitze, sehr hochhackige Schuhe.

„Ähem, ähem."

Ich schaute noch einmal auf, jetzt ein wenig weiter nach oben und sah eine Verkäuferin mit aufgestecktem Haar und einer schwarzen, dickrandigen Brille.

„Bitte setzen Sie sich nicht auf den Boden", sagte sie.

In der Annahme, sie hätte Mitleid mit mir, antwortete ich: „Ach, das macht mir nichts aus. Ich habe nur keinen Stuhl gefunden."

Ihre Erwiderung kam in dem pikierten Ton einer Lehrerin von Drittklässlern. „Sie dürfen hier nicht auf dem Boden sitzen."

Ich darf nicht auf dem Boden sitzen? Ist das nicht so als würde man sagen: „Sie dürfen sich nicht Ihre Weisheitszähne ziehen lassen?" Wenn ich eine Alternative gehabt hätte, ich hätte mich ohne zu Zögern für sie entschieden.

„Ich konnte keinen Stuhl finden", erklärte ich ihr deshalb nochmals.

„Wir haben hier auch keine Stühle", sagte sie und senkte die Raumtemperatur durch ihr eisiges Auftreten um einige Grad.

„Aber ich möchte gerne sitzen", entgegnete ich, wobei mir jetzt langsam der Hals eng wurde.

„Wir möchten auch nicht, dass Leute sich setzen", entgegnete sie, jetzt im Befehlston.

Nun war ich mit meinem Latein am Ende. Irgendwie verstand ich das alles nicht. Ich betrete den Laden mit vier Frauen, die eine Schwäche für winzige Handtaschen mit ausländischen Namen haben, sollte mir da nicht eigentlich ein Getränk und eine Massage angeboten werden?

„Na gut, dann stehe ich eben, aber das mache ich lieber draußen." Ooooh, ganz Max, der coole Typ.

Ich lehnte draußen an der Wand des Gebäudes und schäumte innerlich.

Die Frage war, weshalb war ich so wütend? Was hatte meinen Frust ausgelöst? Im großen Plan der Dinge war dieser Vorfall eher unbedeutend, was also war es, das mir so viel ausmachte? Ich konnte es auf eine Antwort reduzieren, die nur ein Wort umfasste: Zurückweisung. Die Verkäuferin hatte mich zurückgewiesen, mich und mein Verhalten nicht akzeptiert.

Multiplizieren Sie diese Emotion nun milliardenfach, um den Zorn eines im Stich gelassenen Teenagers oder eines sitzen gelassenen Ehepartners auch nur annähernd zu verstehen. Ich kannte diese Frau nicht einmal und war schon wütend. Was passiert wohl, wenn man so etwas mit einem Chef, einer Freundin oder einem Lehrer erlebt?

Es tut weh! Und weil man verletzt ist, wird man wütend. Man reagiert empfindlich und ist kurz angebunden, zeigt dem anderen die kalte Schulter, tituliert ihn mit nicht gerade freundlichen Namen, knallt mit den Türen und zeigt seine Du-wirst-schon-sehen-was-du-davon-hast-Seite. Wut ist dann ein Abwehrmechanismus.

Stellen Sie sich einmal einen Teenager vor, der eine Standpauke erhält. Sein Vater geht die ganze Liste durch: Schlechte Noten, nicht eingehaltene Ausgehzeiten, unaufgeräumtes Zimmer. Jede Beschuldigung fühlt sich für den Jungen an, als würde der Vater ihn gegen die Brust stupsen. Er fühlt sich immer weiter geschubst, bis er die Kluft zwischen sich und seinem Vater wie den Grand Canyon empfindet. Seine erste Reaktion ist Schweigen und Beschämung. Er duckt sich immer weiter und weiter, wird immer kleiner, aber irgendwann ist dann der Punkt erreicht, an dem ein ursprünglicher Überlebensmechanismus aktiviert wird und der Junge schlägt zurück.

„Jetzt reicht es!", ruft er und steht auf und rennt weg.

Wie ist es mit dem türkischen Mitbürger in einer deutschen Kleinstadt? Wie oft ist er schon wegen seines Akzents ausgelacht worden, hat man sich über seinen Namen lustig gemacht oder ihn wegen seines Aussehens übergangen, bevor er jemandem einen Hieb verpasst?

Denken Sie an die Frau eines unsensiblen Ehemannes. Jede andere Frau im Büro hat zum Valentinstag eine Karte oder Blumen bekommen. Sie glaubt immer noch fest daran, dass der Blumenbote auch an ihrem Schreibtisch Halt machen wird, aber er hat es noch nie getan und tut es auch in diesem Jahr nicht. Auf der Fahrt nach Hause denkt sie: Zu Hause finde ich bestimmt etwas auf dem Tisch. Der Tisch ist leer. Das Telefon klingelt. Er ist dran. Er kommt heute später zum Essen. Kein Wort zum Valentinstag. Er hat ihn vergessen. Wie konnte er das vergessen? Als es vergangenes Jahr passiert ist, war sie traurig. Als er zu Weihnachten etwas Ähnliches machte, war sie verletzt. Aber als er dann auch noch ihren Hochzeitstag vergaß, wurde sie ganz tief in ihrem Inneren ein bisschen härter. Und jetzt das hier! Ihre Tränen sind heiß und zornig. Zurückweisung bewirkt Zorn.

Und wenn Ablehnung von Menschen uns zornig macht, was ist dann, wenn wir uns von Gott zurückgewiesen fühlen? Fallstudie Nr. 1: Kain.

Der Bericht ist eher skizzenhaft und sicher nicht lückenlos, aber wir erfahren genug, um das Szenario der Tat zu rekonstruieren. Kain und Abel gingen gemeinsam los, um Gott anzubeten. Woher sie wussten, dass sie das tun sollten? Gott hatte es ihnen gesagt. In Hebräer 11,4 heißt es: „Weil Abel an Gott glaubte, war sein Opfer besser als das seines Bruders Kain."

Aber woher bekommt man Glauben? „Der Glaube kommt allein aus dem Hören" (Römer 10,17). Kain und Abel hatten die Anweisungen Gottes gehört, und als

Abel die besten Teile eines erstgeborenen Lammes aus seiner Herde brachte, tat er das aus Gehorsam gegenüber dem, was er gehört hatte.

Und als Kain dann „von den Früchten des Feldes" brachte, handelte er ebenfalls aus Gehorsam. Sicher hatte auch er gehört, was Abel gehört hatte. Hätte Gott ihn wohl sonst zur Rechenschaft gezogen? Er wusste, was Abel wusste. Er wusste, dass zur Vergebung von Sünden Blut nötig war (Hebräer 9,22). Aber er war zornig darüber, dass Gott sein Opfer nicht annahm. Gott warnte ihn, vorsichtig zu sein.

Gott fragte Kain: „Warum bist du so zornig und blickst so grimmig zu Boden? . . . Wenn du Gutes im Sinn hast, kannst du doch jedem offen ins Gesicht sehen. Wenn du jedoch Böses planst, dann lauert die Sünde dir auf. Sie will dich zu Fall bringen, du aber beherrsche sie!"

An diesem Punkt der Geschichte hatte Kain noch nicht gesündigt. Nur eine kleine Dosis Demut und alles wäre in Ordnung gewesen. Aber Kain tat etwas ganz anderes. Er schlug seinem Bruder vor: „Komm, wir gehen zusammen aufs Feld!"

„Als sie dort ankamen, fiel er über Abel her und schlug ihn tot" (1. Mose 4,3–8).

Kain gab auf. Er gab Gott auf. Er gab seine Fähigkeit auf, Gott zu gefallen und ihm Freude zu machen. Und das alles schob er dann Abel in die Schuhe. Kain hätte sich bestimmt in den Missionar hineinversetzen können, der sich völlig frustriert abmühte und der schrieb:

Gottes Forderungen an mich waren so hoch und seine Meinung von mir so gering, dass es für mich keine Möglichkeit gab zu leben außer unter seinem missbilligenden Blick . . . Den lieben langen Tag mäkelte er an mir herum: „Warum betest du nicht mehr? Warum gibst du nicht mehr Zeugnis? Wann wirst du endlich Selbstdisziplin lernen? Wie kannst du dich nur mit so üblen Gedanken abgeben? Tu dies. Lass jenes . . . Letztlich gab es kaum ein Wort oder ein Gefühl, einen Gedanken oder eine Entscheidung von mir, die Gott wirklich gefiel.[1]

Es gibt viele Leute, die schon solche Briefe geschrieben haben. Wenn nicht mit Stift und Papier, so doch zumindest in Gedanken. Kain hätte notiert: „Ich kann ihn einfach nicht zufrieden stellen. Ich arbeite auf dem Feld und bringe meine Ernte. Ich gebe ihm mein Bestes, aber es ist nie genug."

Andere würden vielleicht schreiben: „Warum erhört Gott unsere Gebete nicht? Wir gehen doch zur Kirche, wir bezahlen unsere Rechnungen pünktlich, aber wir haben immer noch kein Kind."

„Warum sorgt Gott nicht dafür, dass ich Arbeit finde? Ich habe doch nichts Falsches getan. Leute, die nichts von ihm wissen wollen oder ihn sogar lästern, haben doch auch Jobs. Ich diene ihm jetzt schon seit so vielen Jahren und bekomme noch nicht einmal ein Vorstellungsgespräch."

„Was muss ich denn noch alles tun, damit mir vergeben wird? Muss ich für den Rest meines Lebens für diesen einen Fehler um Vergebung betteln?"

Solche Gedanken können einen ganz langsam so sehr in Rage bringen, dass man nach schlichten Gemütern wie Abel schnappt, die nur halb soviel arbeiten, aber den gesamten Segen bekommen . . .

Halten Sie einmal einen Augenblick lang inne. Haben Sie gerade eine Entdeckung gemacht? Ist Ihnen ein Licht aufgegangen? Haben Sie zum ersten Mal die Quelle Ihres Zorns gefunden? Lässt sich Ihre Bitterkeit weiter flussabwärts verfolgen zu dem Gefühl, dass Gott Sie zurückweist? Wenn ja (und ich bin froh, Ihnen das sagen zu können), dann sind Sie durch das Aufdecken der Ursache auch schon auf eine Therapiemöglichkeit gestoßen.

Wenn ich möchte, dass mir eine bestimmte Person

wirklich zuhört, dann rücke ich meinen Stuhl ein paar Zentimeter vor und spreche etwas leiser. Wenn Sie und ich ein Gespräch über Ihren Zorn führen würden, wäre das jetzt der Punkt, an dem ich anfangen würde näher zu rücken, und den nächsten Satz würde ich so leise sagen, dass Sie sich vorbeugen müssten, um ihn zu verstehen. Also rücken Sie ein bisschen vor und hören Sie sich diesen Gedanken an:

Wenn Zurückweisung Zorn verursacht, folgt daraus dann nicht automatisch, dass Annahme ihn stillt? Wenn es Sie wütend auf andere macht, dass Sie vom Himmel zurückgewiesen werden, würde dann nicht die Annahme durch Gott selbst Ihre Liebe zu anderen anregen? Das ist das 7,47 Prinzip. Erinnern Sie sich noch an den Vers? „Wem wenig vergeben wird, der liebt auch wenig." Wir können das Wort „vergeben" auch durch „annehmen" ersetzen und die Aussage dieser Stelle wäre immer noch stimmig. „Wer nur wenig angenommen ist, liebt auch wenig."

Wenn wir glauben, dass Gott hart und ungerecht ist, dann raten Sie mal, wie wir mit Menschen umgehen? Hart und ungerecht. Wenn wir aber entdecken, dass Gott uns mit bedingungsloser Liebe überschüttet, ändert sich dadurch nicht etwas?

Paulus würde das ganz bestimmt bestätigen! Er erlebte nämlich eine Kehrtwende. Er vollzog die Wende vom Tyrannen zum liebevollen geistlichen Vater und Mentor der Urgemeinden. Der Paulus vor der Begegnung mit Jesus Christus kochte vor Zorn.

„Saulus aber setzte alles daran, die Gemeinde Jesu auszurotten. Er schleppte die Christen aus ihren Häusern und ließ sie – Männer wie Frauen – ins Gefängnis werfen" (Apostelgeschichte 8,3). Paulus nach der Begegnung mit Gott floss über vor Liebe. Hätte ein wütender Wahnsinniger folgende Worte schreiben können?

An die Korinther: „Ich danke Gott allezeit euretwegen" (1. Korinther 1,4, L).

An die Philipper: „Ihr liegt mir ganz besonders am Herzen . . . Gott allein weiß, wie sehr ich mich nach euch allen sehne; liebe ich euch doch so, wie auch Jesus Christus euch liebt" (Philipper 17,8).

An die Epheser: „Ich höre nicht auf, Gott für euch zu danken und für euch zu beten . . ." (Epheser 1,16).

An die Kolosser: „Wenn wir für euch beten, danken wir immer wieder Gott, dem Vater unseres Herrn Jesus Christus" (Kolosser 1,3).

An die Thessalonicher: „Bewegte uns nichts anderes als unsere Liebe zu euch – eine Liebe, wie sie eine Mutter für ihre Kinder empfindet" (1. Thessalonicher 2,7).

Sein Herz war ein Universum der Liebe. Aber was war mit seinen Feinden? Es ist ja eine Sache, seine Mitarbeiter zu lieben, aber liebte Paulus auch diejenigen, die ihn in Frage stellten?

„Käme es meinen Brüdern, meinem eigenen Volk, zugute, ich würde es auf mich nehmen, verflucht und von Christus getrennt zu sein" (Römer 9,1–3). Wann immer sich die Gelegenheit dazu bot, in ihre Synagogen zu gehen und dort zu lehren, tat er es (Apostelgeschichte 13,4–5; 14,1; 17,1–2,10). Seine Ankläger schlugen ihn, steinigten ihn, sperrten ihn ins Gefängnis und verspotteten ihn. Aber können Sie auch nur eine einzige Gelegenheit nennen, bei der er es ihnen heimzahlte? Wissen Sie von einem Wutanfall? Einem Zornesausbruch? Aus ihm ist ein ganz anderer Mensch geworden. Sein Zorn ist weg. Seine Leidenschaft ist stark. Seine Hingabe steht außer Zweifel. Aber Wutausbrüche? Sie sind passé, gehören der Vergangenheit an.

Und was hat sich geändert? Paulus ist Christus begegnet. Oder, um es mit seinen Worten zu sagen, er war verborgen in Christus „. . . aber Gott hat euch mit Christus bereits ewiges Leben geschenkt, auch wenn das jetzt noch verborgen ist", heißt es in Kolosser 3,3.

In der chinesischen Sprache gibt es ein großartiges Symbol für diese Wahrheit. Das Wort Gerechtigkeit besteht aus einer Kombination von zwei Bildern. Oben ist ein Lamm und unter dem Lamm ist ein Mensch. Das Lamm bedeckt den Menschen.[2]

Ist nicht genau das der Inbegriff von Gerechtigkeit? Das Lamm Christi über dem Kind Gottes? Immer wenn der Vater Sie anschaut, was sieht er dann? Er sieht seinen Sohn, das vollkommene Lamm Gottes, von dem Sie bedeckt sind. Christen sind wie ihr Vorfahre Abel. Wir kommen zu Gott kraft unserer Zugehörigkeit zu einer Herde. Kain kam mit seiner Hände Arbeit, aber Gott wies ihn ab. Abel kam und wir auch; kommen und verlassen uns auf das Opfer des Lammes, und wir werden angenommen. Wie es das chinesische Schriftzeichen ausdrückt, werden wir von dem Lamm bedeckt, sind wir verborgen in Christus.

Wenn Gott Sie anschaut, dann sieht er nicht Sie, sondern er sieht Jesus. Und wie reagiert er, wenn er Jesus sieht? Er lässt Himmel und Erde erbeben von seinem Ausruf: „Du bist mein geliebter Sohn, der meine ganze Freude ist" (Markus 1,11).

Der Missionar irrte sich. Wir leben nicht unter dem Missfallen Gottes, sondern wir erregen sein breites, strahlendes Lächeln: „Von ganzem Herzen freut er sich über euch . . . Ja, er jubelt, wenn er an euch denkt!" (Zefanja 3,17).

Durch Christus sind Sie von Gott angenommen. Überlegen Sie einmal, was das bedeutet. Ich rücke jetzt wieder ein ganz kleines bisschen mit dem Stuhl vor und flüstere: Sie können Menschen nicht daran hindern, Sie zurückzuweisen oder abzulehnen oder nicht zu mögen. Aber Sie können verhindern, dass ihre Ablehnung Sie wütend macht.

Ablehnung und Gelegenheiten, bei denen wir Zurückweisung erleben, sind wie Schwellen auf der Straße, die uns daran hindern sollen, zu schnell zu fahren. Sie kommen vor auf unserem Weg. Die Welt ist voller überempfindlicher, zickiger Handtaschenverkäuferinnen. Sie werden ausgegrenzt, fallen gelassen und herumgeschubst. Sie können Menschen nicht daran hindern, Sie abzulehnen, aber Sie können verhindern, dass solche Zurückweisungen Sie in Rage bringen. Wie das geht? Indem Sie die Zurückweisung der Menschen durch Gottes Annahme wettmachen lassen.

Dazu folgende Veranschaulichung: Nehmen Sie einmal an, Sie wohnen in einer Hochhauswohnung. Auf der Fensterbank Ihres Zimmers wächst ein einzelnes Gänseblümchen. Sie haben es an diesem Morgen gepflückt und es sich an Ihr Revers gesteckt. Da Sie nur diese eine Pflanze haben, ist das ein großes Ereignis, es ist ein ganz besonderes Gänseblümchen, das Sie da am Revers tragen.

Aber sobald Sie Ihre Wohnungstür hinter sich zugezogen haben, fangen die Leute um Sie her an, Blütenblätter von Ihrem Gänseblümchen abzuzupfen. Jemand schnappt Ihnen den Platz in der U-Bahn weg. Ein Blütenblatt. Die schlechte Leistung eines Kollegen wird Ihnen angelastet. Drei Blütenblätter. Die Beförderung, mit der Sie gerechnet hatten und die Ihnen eigentlich auch zustand, bekommt jemand, der zwar nicht so qualifiziert ist wie Sie, dafür aber aussieht, als käme er direkt vom Grill. Es verschwinden weitere Blütenblätter. Am Ende des Tages ist nur noch ein Blütenblatt übrig. Wehe der armen Person, die es jetzt wagt, Ihrer Blume auch nur nahe zu kommen. Sie sind nur noch ein Blütenblattzupfen weit von einem heftigen Wutausbruch entfernt.

Was wäre nun, wenn wir das Szenario ein ganz klein wenig verändern würden? Lassen Sie uns noch eine Figur hinzufügen. Der nette Mann, der in dem Hochhaus die Wohnung neben Ihrer gemietet hat, betreibt den Blumenladen an der Ecke. Jeden Abend macht er mit einem frischen, völlig unverdienten, aber unwiderstehlichen Blumenstrauß auf dem Heimweg bei Ihnen Halt. Es handelt sich dabei nicht um Restblumen des Tages. Es sind hervorragende, frische kleine floristische Kunstwerke. Sie haben keine Ahnung, wieso er so viel von Ihnen hält, aber Sie beschweren sich nicht. Seinetwegen duftet es in Ihrer ganzen Wohnung und Ihr Gang ist irgendwie beschwingter. Auch wenn irgendjemand etwas mit Ihren Blumen anstellt, Sie haben einen ganzen Korb voller Nachschub, um sie zu ersetzen!

Der Unterschied zwischen diesen beiden Situationen ist gewaltig. Und die Interpretation liegt auf der Hand.

Gott will Ihre Welt mit Blumen füllen. Er liefert jeden Tag höchstpersönlich einen Strauß bei Ihnen an der Tür ab. Öffnen Sie die Verpackung! Nehmen Sie den Strauß an! Und wenn Sie dann Ablehnung und Zurückweisung erleben, dann stehen Sie nicht mit zu wenigen Blütenblättern da.

Gott kann Ihnen helfen, Ihren Zorn loszuwerden. Er hat Galaxien geschaffen, die noch nie ein Mensch erblickt hat und Schluchten, die erst noch entdeckt werden müssen. „Er . . . heilt mich von allen Krankheiten!" (Psalm 103,3). Glauben Sie, dass unter diese Krankheiten auch die Anfechtung durch Zorn fällt?

Glauben Sie, dass Gott Ihr zorniges Herz heilen kann?

Möchten Sie das überhaupt? Das ist keine Fangfrage. Er stellt Ihnen dieselbe Frage wie damals dem Gelähmten: „Willst du gesund werden?" (Johannes 5,6). Das will nicht jeder. Vielleicht sind Sie süchtig nach Zorn. Vielleicht sind Sie ein „Wut-Junkie". Vielleicht ist ja Ihr Zorn ein Teil Ihrer Identität. Aber wenn Sie es wollen, dann kann Gott Ihre Identität verändern. Möchten Sie, dass er das tut?

Haben Sie eine bessere Alternative? Zum Beispiel einen Umzug in eine ablehnungsfreie Zone? Wenn ja, dann genießen Sie Ihr Leben auf Ihrer einsamen Insel.

Nehmen Sie die Blumen. Nehmen Sie sie von ihm an, damit Sie andere lieben, zumindest aber ertragen können.

Tun Sie, was auch T.D. Terry tat. Vor vielen Jahren löste ein sehr stressiger Job immer wieder Wutanfälle bei ihm aus.

Als seine Tochter Jahre später hörte, wie er diese Attacken beschrieb, reagierte sie darauf sehr überrascht: „Ich kann mich überhaupt nicht daran erinnern, dass du jemals wütend warst."

Da fragte er, ob sie sich an den Baum erinnere – den an der Auffahrt auf halbem Weg zwischen Straße und Garage. „Erinnerst du dich noch daran, wie er ganz groß war und dann immer mehr Äste verlor, bis irgendwann nur noch ein Stumpf dastand?"

Sie erinnerte sich.

„Das war ich", erklärte T.D. „Ich habe meine Wut an dem Baum ausgelassen. Ich habe dagegen getreten. Ich habe ihn mit einer Axt bearbeitet. Ich habe Zweige abgerissen. Ich wollte nicht mit all meiner Wut nach Hause kommen und deshalb habe ich sie bei dem Baum gelassen."[3]

Lassen Sie es uns auch so machen und lassen Sie uns dabei noch einen Schritt weiter gehen. Statt unsere Wut an einem Baum in unserem Garten auszulassen, lassen Sie uns diese Wut an einen Baum auf dem Hügel bringen. Lassen Sie Ihre Wut am Kreuz von Golgatha. Wenn andere Sie ablehnen und zurückweisen, dann lassen Sie sich von Gott annehmen. Er ist nicht missbilligend oder grimmig. Er ist nicht wütend. Er singt über Ihnen. Trinken Sie seine grenzenlose Liebe in tiefen Zügen und beruhigen Sie sich wieder.

Ein verletztes Herz

Die Liebe ist . . .
nicht nachtragend.
1. Korinther 13,4–5

Die Gedanken von heute
sind die Taten von morgen.
Die Eifersucht von heute
ist der Wutanfall von morgen.
Die Selbstgerechtigkeit von heute
ist das Verbrechen aus Hass von morgen.
Der Zorn von heute
ist die Misshandlung von morgen.
Die Lüsternheit von heute
ist der Ehebruch von morgen.
Die Gier von heute
ist die Veruntreuung von morgen.
Die Schuld von heute
ist die Angst von morgen.

Die *Pelicano* ist das unerwünschteste Schiff der Welt. Seit 1986 vagabundiert sie auf den Weltmeeren herum und niemand will sie haben. Sri Lanka will sie nicht. Die Bermudas wollen sie nicht. Die Dominikanische Republik hat sie abgewiesen. Ebenso wie die Niederlande, die Antillen und Honduras.

Das Problem dabei ist nicht das Schiff. Obwohl er verrostet und ziemlich heruntergekommen ist, gilt der etwa 120 Meter lange Frachter immer noch als seetüchtig.

Das Problem ist auch nicht der Eigner. Die Reederei, der das Schiff gehört, verfügt über alle nötigen Lizenzen und zahlt pünktlich alle fälligen Steuern und Gebühren.

Das Problem ist auch nicht die Mannschaft. Die Leute fühlen sich vielleicht unerwünscht, aber sie sind nicht unfähig.

Was ist dann also das Problem? Was ist der Grund für die jahrelange Odyssee, die stets wieder mit Abweisung endet?

Abwinken in Sri Lanka. Abweisung in Indonesien. Zurückgewiesen werden in Haiti.

Warum ist die *Pelicano* das unerwünschteste Schiff der Welt?

Ganz einfach. Sie ist voll mit Müll. Fünfzehntausend Tonnen Müll. Apfelsinenschalen, Bierflaschen, Zeitungen, halbgegessene Hot-Dogs, also Müll. Der Müll des langen Sommers 1986 aus Philadelphia. Damals streikte dort nämlich die städtische Müllabfuhr und die Müllberge türmten sich immer höher. Der Bundesstaat Georgia weigerte sich, den Müll zu übernehmen und New Jersey ebenfalls. Niemand wollte den Müll aus Philadelphia.

Und genau da tauchte die *Pelicano* auf der Bildfläche auf. Die Schiffseigner dachten, sie könnten einen schnellen Dollar machen, indem sie den Müll übernahmen und abtransportierten. Der Müll wurde verbrannt und in den

Rumpf des Schiffes verfrachtet, aber damit fingen die Probleme erst richtig an, denn niemand wollte diese Müllreste haben. Ursprünglich war es zu viel. Irgendwann war dann alles zu alt. Und wer nimmt schon freiwillig potenziellen Giftmüll an sich?[1]

Die missliche Lage der *Pelicano* ist der Beweis – Müllfrachter finden kaum Freunde.

Die missliche Lage der *Pelicano* ist darüber hinaus auch ein Gleichnis. Müll beladenen Herzen ergeht es nämlich auch nicht anders.

Ich frage mich, ob Sie mit dem Bild der *Pelicano* etwas anfangen können. Sind Sie ebenfalls am Pier unerwünscht? Driften auch Sie immer weiter weg von Freunden und Familie? Wenn das zutrifft, dann sollten Sie vielleicht einmal nach innerem Müll Ausschau halten. Wer will schon jemandem mit einem so übel riechenden Innenleben einen Ankerplatz anbieten?

Das Leben hat die Eigenart, allen möglichen Müll auf unseren Decks abzuladen. Ihr Mann arbeitet vielleicht zu viel. Ihre Frau ist zu besitzergreifend. Die Erwartungen Ihres Chefs sind einfach maßlos. Ihre Kinder quengeln zu viel. Die Folge? Müll. Ladung um Ladung Zorn, Schuldgefühle, Pessimismus, Bitterkeit, Heuchelei, Furcht, Betrug, Ungeduld. Das alles häuft sich an.

Müll beeinträchtigt uns, indem er unsere Beziehungen vergiftet. Das war schon bei Kain so. Er hatte Wut im Bauch, bevor an seinen Händen Blut klebte. Und Martha war von ihrer Einstellung her eine Frau, die sich gerne einmischte, bevor sie zänkisch wurde. Und wie war das mit den Pharisäern? Sie brachten Jesus in ihren Herzen um, bevor sie ihn am Kreuz töteten.

Schreiben Sie es sich auf:

- *Die Eifersucht von heute ist der Wutanfall von morgen.*
- *Die Selbstgerechtigkeit von heute ist das Verbrechen aus Hass von morgen.*
- *Der Zorn von heute ist die Misshandlung von morgen.*

- *Die Lüsternheit von heute ist der Ehebruch von morgen.*
- *Die Gier von heute ist die Veruntreuung von morgen.*
- *Die Schuld von heute ist die Angst von morgen.*
- *Die Gedanken von heute sind die Taten von morgen.*

Könnte das der Grund sein, weshalb Paulus schreibt: „Die Liebe . . . ist nicht nachtragend" (1. Korinther 13,5)? Wenn man Müll an Bord lässt, dann werden die Leute ihn auch riechen. Die Probleme fingen für die *Pelicano* in dem Augenblick an, als die erste Schaufel voll Müll an Bord gebracht wurde. Die Mannschaft hätte gleich kehrt machen sollen. Das Leben an Bord wäre für alle leichter gewesen, wenn sie nicht zugelassen hätten, dass der Müll sich immer weiter anhäufte.

Und Ihr Leben wird sehr viel besser verlaufen, wenn Sie das auch nicht tun.

Manche Leute wissen gar nicht, dass wir an dieser Stelle eine Wahl haben. Wenn man sich einmal anhört, wie wir reden, könnte man meinen, wir wären wehrlose Opfer unserer Gedanken.

„Sprich mich bloß nicht an", sagen wir, „ich habe schlechte Laune." So als wäre unsere Laune etwas, das uns zugewiesen wurde, und nicht ein Gefühl, das wir selbst zulassen.

Ist Laune etwas, das wir einfach „haben", so wie einen Schnupfen oder Grippe? Sind wir Opfer einer Art Virus oder haben wir an dieser Stelle eine Wahl? Paulus sagt, wir haben eine. „Alles menschliche Denken nehmen wir gefangen und unterstellen es Christus" (2. Korinther 10,5). Irgendwie klingt das wie ein Kriegsjargon: „Gedanken gefangen nehmen, unterstellen." Man hat fast den Eindruck, als wären wir Soldaten und unsere Gedanken die Feinde. Unser Auftrag besteht darin, das Boot zu bewachen und zu verhindern, dass Müllgedanken an Bord kommen können.

In dem Augenblick, in dem sie am Pier auftauchen, werden wir aktiv: „Dieses Herz gehört Gott", erklären wir, „und ihr könnt nicht an Bord, wenn ihr nicht euren Bündnispartner wechselt. Tritt zurück, Egoismus! Hau ab, Neid! Such dir ein anderes Schiff, Zorn! Du hast hier keinen Zutritt."

Gedanken gefangen zu nehmen ist eine ernsthafte Angelegenheit. Für Jesus war es das jedenfalls. Erinnern Sie sich an seine nicht gerade höfliche Reaktion auf Petrus? Jesus hatte gerade seinen Tod, das Begräbnis und die Auferstehung vorhergesagt, aber Petrus wollte davon nichts hören.

Erschrocken nahm Petrus den Meister zur Seite und bestürmte ihn: „Um Himmels willen! So etwas darf dir nicht zustoßen!"

Aber Jesus wandte sich um und sagte zu Petrus: „Geh weg, Satan! Du willst mir eine Falle stellen. Du denkst, wie Menschen denken, und verstehst Gottes Gedanken nicht" (Matthäus 16,22–23).

Merken Sie, wie entschlossen Jesus hier ist? Ein Müllgedanke kommt ihm über den Weg. Er ist versucht, diesen Gedanken aufzunehmen, so als wollte er sagen: Ein Leben ohne Kreuz – das wär doch was. Aber was tut er stattdessen?

Er steht an der Gangway, die an Bord führt und sagt: „Weg mit dir, bleib mir vom Leib!" So als wollte er sagen: „Du hast keinen Zutritt zu meinem Leben."

Was wäre, wenn Sie es ebenso machen würden? Was wäre, wenn Sie jeden Gedanken gefangen nähmen? Was wäre, wenn Sie sich weigern würden, Müll in Ihren Gedanken zuzulassen? Was wäre, wenn Sie den Rat Salomos befolgen würden: „Achte auf deine Gedanken . . . denn sie beeinflussen dein ganzes Leben!" (Sprüche 4,23).

Sie sind gerade auf dem Weg zur Arbeit, als Ihnen wieder einfällt, was ein Kollege zu Ihnen gesagt hat. Er hat wegen Ihrer Leistungen gestichelt. Er hat Ihre Effektivität angezweifelt. Wieso hat Sie das so sehr getroffen? Sie fangen an, sich Fragen zu stellen. *Das habe ich wirk-*

*lich nicht verdient. Für wen hält der sich eigentlich, dass
er meint, mich kritisieren zu dürfen? Außerdem ist der
Typ fade wie ein Reiscracker. Schon allein diese Schuhe,
die er immer an hat . . .*

An dieser Stelle ist es an Ihnen, eine Entscheidung zu
treffen. *Soll ich eine Liste über all diese Verfehlungen
führen?* Das können Sie natürlich tun. Auf der Gangway
stehen das Selbstmitleid und seine sieben Geschwister,
die alle nur zu gern an Bord kommen würden. Werden
Sie es zulassen? Falls ja, werden Sie bei Ihrer Ankunft
im Büro fast genauso übel stinken wie die *Pelicano*.

Sie können aber auch etwas ganz anderes tun. Sie
können all diese Gedanken gefangen nehmen. Und zitie-
ren Sie zu diesem Zweck wenn nötig auch einen Bibelvers: „Wenn Menschen euch das Leben schwer machen,
so betet für sie, statt ihnen Schlechtes zu wünschen"
(Römer 12,14).

Ein anderes Szenario. Zorn auf Ihre Eltern hält Sie
wach. Sie möchten eigentlich gerne schlafen, aber dieser Anruf von heute Nachmittag hindert Sie am Einschlafen. Wie üblich haben sie in dem Gespräch eigentlich nichts getan, als Sie zu kritisieren. Kein Lob, keine
Komplimente, keine Zustimmung. Nur nörgel, nörgel,
nörgel.

„Wieso bist du eigentlich immer noch nicht verheiratet?"

„Wann kommst du endlich mal wieder nach Hause?"

„Wieso hast du nicht auch so einen guten Job wie
Cousin Karl bei der Bank?"

Grrrrr. Sehen Sie den Typ da an der Gangway? Den in
der dunklen Robe? Er ist der Richter am Gerichtshof
der kritischen Einstellungen. Wenn Sie ihn an Bord lassen, dann werden Sie die ganze Nacht damit verbringen,
Schuldsprüche zu fällen. Sie können all die Fehler Ihrer
Eltern alphabethisch ordnen und kodieren.

Werden Sie ihn an Bord lassen? Wenn Sie das tun,
mein Freund, gehen Sie ein hohes Risiko ein. Am Mor-

gen werden Sie stinken wie eine Mülltonne im Hochsommer.

Denken Sie daran, dass Sie, nur weil am Pier Müll herumliegt, diesen noch längst nicht an Bord nehmen müssen. Sie sind nicht Opfer Ihrer Gedanken. Sie haben eine Wahl. Sie können selbst entscheiden. Sie können auch hier Müllvermeidung praktizieren oder solche Gedanken zulassen.

Wie ließe sich nun aber die missliche Lage der *Pelicano* verändern? Indem man ihre Ladung veränderte. Würde man die Laderäume mit Blumen füllen statt mit Müll, mit Geschenken statt mit Asche, dann würde wohl keiner das Schiff abweisen. Eine Änderung der Ladung verändert das gesamte Schiff.

Und genauso können Sie auch eine Gesamtpersönlichkeit verändern, indem Sie Ihre Gedanken verändern. Wenn die Gedanken von heute wirklich die Taten von morgen sind, was passiert dann wohl, wenn wir unser Denken mit Gedanken der Liebe Gottes füllen? Wird es unser Empfinden anderen gegenüber verändern, wenn wir seine Gnade auf uns herunterregnen lassen?

Paulus zumindest behauptet das. Es genügt nicht, wenn wir uns das schlechte Zeugs vom Leib halten, sondern wir müssen den vorhandenen Raum mit Gutem füllen. Es reicht nicht aus, nicht mehr Buch zu führen über die Fehler und Verfehlungen der anderen, sondern wir sollen stattdessen eine Liste einrichten, auf der alles verzeichnet ist, was wir haben, womit wir gesegnet sind, wofür wir dankbar sein können. Das Verb, das Paulus für „nachtragen" in 1. Korinther 13,5 verwendet, ist dasselbe wie für „darüber denkt nach" in Philipper 4,8: „Schließlich, meine lieben Brüder, orientiert euch an dem, was wahrhaftig, gut und gerecht, was anständig, liebenswert und schön ist. Wo immer ihr etwas Gutes entdeckt, das Lob verdient, darüber denkt nach." Nachdenken ist gemeint im Sinne von nachsinnen – sich intensiv beschäftigen mit, ganz konzentrieren auf, zulassen, dass das, was wir betrachten, worüber wir nachsinnen, uns beeinflusst und Wirkung auf uns hat.

Statt noch mehr Übles aufzurühren, sollen wir das Freundliche und Nette sammeln.

Sie möchten eine Liste davon machen? Dann zählen Sie auf, wo Sie Gottes Barmherzigkeit erlebt haben. Zählen Sie auf, wie oft Ihnen schon von ihm vergeben worden ist. Stehen Sie vor Ihrem gekreuzigten Erlöser und beten Sie: „Jesus, wenn du mir vergeben kannst, dass ich dir wehgetan habe, dann kann ich auch vergeben, wenn mir wehgetan wird." Sie hatten es nicht verdient, dass Sie verletzt wurden, aber genauso wenig haben Sie es verdient, dass er Ihnen vergeben hat und immer wieder vergibt.

Aber Max, ich bin doch ein anständiger Mensch. Ich habe nie etwas getan, das Jesus verletzt hat. Jetzt aber Vorsicht! Genau diese Einstellung kann nämlich zu ernsthaften Problemen führen. Glauben Sie wirklich, dass Sie nichts getan haben, was Jesus wehgetan hat?

Sind Sie schon einmal ungenau mit Geld gewesen? Das ist Betrug.

Hat Sie Ihre Liebe zu allem Fleischlichen schon einmal von ihm weggebracht? Das ist Ehebruch.

Haben Sie jemals ein zorniges Wort gesagt in der Absicht, jemandem dadurch wirklich weh zu tun? Nach der Gerichtsbarkeit des Himmels haben Sie sich damit der Körperverletzung schuldig gemacht.

Haben Sie jemals geschwiegen, wenn jemand über Jesus gelästert hat? Bezeichnen wir das nicht als Verrat?

Schon mal in die Kirche gegangen, um gesehen zu werden, aber nicht, um Gott zu begegnen? Sie Heuchler.

Schon mal ein Versprechen gebrochen, das Sie Gott gegeben hatten? Das ist Betrug und damit ein schweres Vergehen.

Müssen wir noch weiter machen? Nur sechs Fragen und ungefähr zehn Zeilen in diesem Buch, schauen Sie sich bitte einmal selbst an: Der Unehrlichkeit, des Ehebruchs, der Körperverletzung, des Verrats, der Heuchelei und des Betrugs überführt – schuldig. Haben Sie da nicht Strafe verdient? Und trotzdem sind Sie hier und lesen dieses Buch. Sie atmen, dürfen immer noch Sonnenuntergänge erleben und Babys jauchzen hören. Sie erleben immer noch den Wechsel der Jahreszeiten, auf Ihrem Rücken sind keine Striemen und an Ihren Füßen keine Fußfesseln.

Anscheinend hat Gott über Ihre Verfehlungen nicht Buch geführt. Offensichtlich wusste David genau, wovon er sprach, als er sagte: „Er bestraft uns nicht, wie wir es verdienen; unsere Sünden und Verfehlungen zahlt er uns nicht heim" (Psalm 103,10). Und es war ihm wirklich ernst, als er betete: „Wenn du jedes Vergehen gnadenlos anrechnest, wer kann dann vor dir bestehen?" (Psalm 130,3).

Hören Sie, Sie sind nicht nur ein bisschen mit Vergebung besprenkelt. Sie sind nicht mit Gnade bespritzt. Sie sind nicht mit Freundlichkeit bestäubt. Sie sind ganz hineingetaucht worden. Sie sind in Gnade eingetaucht worden. Sie sind ein ganz kleiner Fisch im Meer seiner Gnade. Lassen Sie sich dadurch verwandeln! Sehen Sie selbst, ob die Liebe Gottes nicht mit Ihnen dasselbe macht wie mit der Frau aus Samarien.

Und sie ist ja nun wirklich eine Frau, die genügend Stoff für eine Liste hergeben würde. Nummer eins: Diskriminierung. Sie ist erstens eine Samariterin, bei den Juden verhasst, und zweitens benachteiligt auf Grund ihres Geschlechts. Sie ist eine Frau, die von Männern herablassend behandelt wird. Drittens ist sie eine geschiedene Frau und das nicht nur ein Mal und auch nicht zwei Mal. Lassen Sie uns mal sehen, ob wir mitzählen können. Vier? Fünf? Fünf Ehen sind den Bach hinuntergegangen und jetzt schläft sie mit einem Typen, der gar nicht die Absicht hat, sie zu heiraten.

Wenn wir das alles zusammenzählen, dann stelle ich mir eine Frau auf einem Barhocker zur Cocktailstunde vor, die mit ihrem Typen in wilder Ehe lebt. Rauchige Stimme, Nikotinatem und tief dekolletiertes, dafür etwas kürzeres Kleid. Ganz bestimmt nicht die feine Sorte Samariterin. Ganz sicher nicht gerade die Sorte Frau, der Sie bedenkenlos und leichten Herzens den Frauenkreis Ihrer Gemeinde anvertrauen würden.

Was es umso überraschender macht, dass Jesus genau das tut. Und er vertraut ihr nicht nur die Bibelstunde an, sondern er beauftragt sie, die gesamte Stadt zu evangelisieren. Bevor der Tag zu Ende ist, hat die ganze Stadt von einem Mann gehört, der von sich behauptet Gott zu sein. „Dieser Mann weiß alles, was ich getan habe" (Johannes 4,39), erzählt sie ihnen und lässt das ohnehin Bekannte dabei ungesagt, „und er liebt mich trotzdem".

Ein ganz klein wenig Regen kann einen Blumenstängel wieder aufrichten. Ein klein wenig Liebe kann ein Leben völlig umkrempeln. Wer wusste denn schon, wann dieser Frau das letzte Mal etwas zugetraut oder anvertraut worden war, und schon gar nicht die beste Nachricht der Weltgeschichte! Ja, lesen Sie nach in Johannes 4 und Sie werden diese verblüffende Entdeckung machen. Sie ist Jesu Missionarin! Sie ist die Vorgängerin einiger weit mehr beachteter Missionare. Die Linie von Petrus und Paulus, St. Patrick und dem heiligen Franz von Assisi lässt sich zurückverfolgen zu einer Stadtschlampe, die so überwältigt war von Jesus, dass sie einfach reden musste.

Noch eine *Pelicano*, die ein für allemal ausgeräuchert wurde. Warum?

Nicht aufgrund dessen, was Jesus getan hat, obwohl das wirklich gewaltig war, sondern weil sie es zuließ. Sie hat ihn an Bord gelassen. Sie hat sich von ihm lieben lassen. Sie hat zugelassen, dass er ihre Ladung veränderte. Er traf sie randvoll mit Müll an, und als er sie wieder verließ, war sie mit Gnade getränkt. Sie und Zachäus und der Apostel Paulus und die Frau in Kapernaum und Millionen andere haben ihm Zutritt zu ihrem Herzen gewährt.

Das musste sie nicht und all die anderen ebenfalls nicht.

Und Sie müssen es auch nicht.

Sie müssen wirklich nicht.

Sie können auch bei Ihrer langen Liste und der stinkenden Fracht bleiben und weiter von Hafen zu Hafen irren.

Aber warum sollten Sie das tun? Lassen Sie die *Pelicano* doch hinaus ins offene Meer.

Ihr Kapitän hat etwas Besseres mit Ihnen vor.

Der Liebestest

Die Liebe . . .
freut sich nicht am Unrecht,
sondern freut sich,
wenn die Wahrheit siegt.
1. Korinther 13,6

Ist es nicht gut zu wissen,
dass er, selbst wenn wir nicht
mit vollkommener Liebe lieben,
das trotzdem tut?

Als ich in dem Hotel eincheckte, hatte ich wirklich keine Lust mehr zu joggen. Es war dunkel und kalt und windig in Waco, Texas. Die Lesereise machte zwar Spaß, war aber trotzdem anstrengend – es war die dritte Großstadt in drei Tagen. Ich war froh, ins Bett zu kommen. Aber wie doch eine Nacht guten Schlafes Wunder wirken kann. Genau wie die strahlende Sonne und der warme Morgen. Ich zog meine Laufschuhe an, winkte dem Portier noch einmal zu und lief los.

Wenn man durch Städte läuft, die man nicht kennt, kann das ein bisschen knifflig sein. Ich habe einmal drei Stunden in Gegenden von Fresno verbracht, die die meisten Einwohner von Fresno wahrscheinlich noch nie zu Gesicht bekommen haben. Um also nicht die Orientierung zu verlieren, bleibe ich jetzt immer auf derselben Straße. Ich laufe los und nach einer Weile dieselbe Strecke wieder zurück.

Der Weg zurück zum Hotel kam mir länger vor, aber das schrieb ich meiner schlechten Kondition zu. Als ich wieder in der Hotelhalle war, bemerkte ich ein Frühstücksbüfett, eines von diesen kostenlosen, bei denen man sich seinen Toast selbst macht und sein eigenes Müsli mischt.

Soll mir recht sein, dachte ich, wunderte mich aber ein bisschen darüber, dass ich beim Weggehen das Essen gar nicht bemerkt hatte.

Ich machte mir auf einem Tablett mein Frühstück zurecht, verspeiste alles und wollte gerade auf mein Zimmer zurückgehen, als ich ein brasilianisches Ehepaar miteinander reden hörte. Ich hatte mit unserer Familie fünf Jahre lang in Brasilien gelebt und konnte einem guten Gespräch auf Portugiesisch einfach nicht widerstehen.

„*Bon dia*", grüßte ich deshalb. Wir unterhielten uns über das Land und die wirtschaftliche Lage, ich erzählte den einzigen portugiesischen Witz, an den ich mich erinnerte, und sie luden mich ein, mich zu ihnen zu setzen.

„Lassen Sie mich nur noch schnell einen Kaffee holen", entgegnete ich.

Ich kam zurück und setzte mich, allerdings nicht nur mit einer weiteren Tasse Kaffee, sondern auch noch ein paar weiteren Scheiben Toast zu ihnen.

Als ich ging, um zu duschen, kam ich wieder an dem Büfett vorbei und war, ob Sie es glauben oder nicht, immer noch hungrig. *Das schadet nicht*, sagte ich mir. Wenn ich meinen Morgenlauf einrechnete, dann ging das immer noch auf. Also füllte ich noch einmal mein Schälchen mit Haferflocken und beschloss, es auf meinem Zimmer zu verspeisen.

Ich ging durch die Hotelhalle, dann bog ich rechts in den ersten Gang ein, vorbei am Hallenpool (wie war es nur möglich, dass ich den am vergangenen Abend ebenfalls nicht bemerkt hatte?) und stand dann vor der ersten Tür rechts. Aber irgendetwas stimmte da nicht. Ich bekam mit meinem Schlüssel die Tür nicht auf. Ich versuchte es ein zweites Mal. Ohne Erfolg. Ich blickte auf, um die Nummer an der Tür zu überprüfen.

Moment mal, das ist ja gar nicht mein Zimmer!

Ich ging den Weg zurück. Wieder den Flur entlang. Am Pool vorbei (wie konnte es sein, dass ich diesen Pool am vergangenen Abend nicht bemerkt hatte?). Zurück in die Hotelhalle. An dem Frühstücksbüfett vorbei, lächelte die Geschäftsführerin des Hotels an, die sich bestimmt fragte, wohin ich mit dem Essen wollte, zum Haupteingang hinaus, auf den Parkplatz. Ich schaute auf die Leuchtbuchstaben über dem Portal.

Das ist gar nicht mein Hotel! Wo ist mein Hotel? Ich schaute erst nach links, dann nach rechts. Und da war es! Direkt nebenan. Und was soll ich Ihnen sagen? Ich war an meinem Hotel vorbeigelaufen und direkt in dieses hinein. Was blieb mir jetzt anderes übrig, als die Achseln zu zucken und über den Parkplatz und dann zu meinem Zimmer zu gehen? (Die Haferflocken habe ich mitgenommen. Sie hätten sie wahrscheinlich auch gar nicht zurückhaben wollen).

Ich hatte eine volle Stunde im falschen Hotel verbracht, hatte in der Hotelhalle gesessen, mit den Gästen geplaudert, hatte das Essen dort gegessen und Kaffee getrunken und ich hatte der Geschäftsführerin sogar ein Kompliment für die Dekoration gemacht. Eine volle Stunde lang hatte ich mich im falschen Hotel aufgehalten. Und wissen Sie was? Es hatte sich völlig richtig *angefühlt*. Wenn Sie mich damals gefragt hätten, wieso ich eine kostenlose Mahlzeit in einem falschen Hotel zu mir nähme, dann hätte ich Sie wahrscheinlich angeschaut wie einen Eishockeyspieler im Regenwald. „Sind Sie verrückt?"

Nicht ein einziges Mal habe ich aufgeblickt, die Stirn gerunzelt und gedacht, *das fühlt sich alles irgendwie merkwürdig an*. Aber das tat es nicht. Es *fühlte* sich gut und genau richtig an. Aber mein Gefühl war falsch. Mein Schlüssel war der Beweis, dass mein Gefühl falsch war. Die Zimmernummer war der Beweis, dass es falsch war. Die Managerin, wäre sie gefragt worden, hätte es als falsch entlarven können. So sehr ich auch das Gefühl gehabt haben mochte, dort richtig zu sein, es stimmte nicht. Mein Gefühl trog. Und keine noch so große intensive Menge von Gefühlen konnte etwas daran ändern.

Ich frage mich, ob Sie auch schon einmal diesen Fehler gemacht haben. Nicht mit einem Hotel, sondern im Zusammenhang mit Liebe. Haben Sie schon jemals hinsichtlich einer Beziehung Entscheidungen getroffen, die auf Gefühlen statt auf Tatsachen beruhten? Wenn es um Liebe geht, dann sind Gefühle oft beherrschend. Das Schiff wird von Emotionen gesteuert. Ausschlaggebend ist dann die Gänsehaut. Aber sollte das wirklich so sein? Kann man sich auf Gefühle verlassen? Kann sich eine Beziehung richtig oder falsch anfühlen? Kopfnicken.

Eine allein erziehende Mutter nickt.

Eine Studentin mit gebrochenem Herzen nickt.

Der Typ, der sich in ein Mädchen mit einer Figur verliebt hat, die eine Massenkarambolage verursachen könnte, nickt.

Gefühle können trügen. Ich habe gestern mit einem Mädchen im Teenageralter gesprochen, das sich Gedanken darüber macht, dass sie für einen bestimmten Typen so wenig empfindet. Bevor sie fest miteinander gingen, war sie ganz verrückt nach ihm gewesen. In dem Augenblick, als er Interesse für sie signalisierte, verlor sie ihres völlig.

Ich denke da auch an eine junge Mutter. Mutter zu sein ist für sie nicht so romantisch, wie sie es sich vorgestellt hatte. Windeln und Nachtmahlzeiten sind kein bisschen lustig und sie hat Schuldgefühle, weil sie so empfindet. *Liebe ich nicht genug?*, fragt sie sich.

Wie soll man auf solche Fragen antworten? Haben Sie sich schon mal gewünscht, die Qualität Ihrer Liebe messen zu können? Eine Art DNA-Test in Sachen Liebe? Paulus bietet uns so etwas an: „Die Liebe . . . freut sich nicht am Unrecht, sondern freut sich, wenn die Wahrheit siegt" (1.Korinther 13,6). In diesem Vers ist der Liebestest enthalten.

Möchten Sie die Fälschung vom Echten unterscheiden können? Möchten Sie wissen, ob das, was Sie empfinden, wirklich echte Liebe ist? Dann stellen Sie sich selbst folgende Frage: *Ermutige ich diesen Menschen, das zu tun, was richtig ist?*

Denn „die Liebe freut sich nicht am Unrecht, sondern freut sich, wenn die Wahrheit siegt" (1. Korinther 13,6).

Da ruft zum Beispiel eine Frau die andere an und sagt: „Wir sind doch Freundinnen, nicht?"

„Ja, wir sind Freundinnen."

„Wenn mein Mann fragen sollte, dann sag ihm doch bitte, dass wir gestern Abend zusammen im Kino waren."

„Aber das waren wir doch gar nicht."

„Ich weiß, aber ich war da . . . na ja, ich war mit einem anderen Mann zusammen und . . . hey, das tust du doch für mich, oder? Wir sind doch Freundinnen, fast wie Schwestern."

Besteht diese Freundin die Prüfung? Auf gar keinen Fall. Der Zimmerschlüssel passt nicht. Die Liebe bittet andere nicht, Unrecht zu tun. Und woher wissen wir das? „Die Liebe . . . freut sich nicht am Unrecht, sondern freut sich, wenn die Wahrheit siegt" (1. Korinther 13,6).

Wenn Sie bemerken, dass Sie andere dazu verleiten, etwas Falsches zu tun, dann ist das ein Alarmsignal. Das ist keine Liebe. Und wenn andere Sie dazu verleiten wollen, etwas Falsches zu tun, dann seien Sie auf der Hut. Überprüfen Sie Ihren Zimmerschlüssel.

Hier ein klassisches Beispiel. Ein junges Paar hat ein Rendezvous. Er will mehr von ihr als ihr behagt. Sie wehrt sich, aber er versucht sie mit dem ältesten Argument der Welt zu überzeugen: „Aber ich liebe dich. Ich möchte dir nur ganz nah sein. Wenn du mich wirklich liebst, dann . . ."

Hören Sie die Sirene? Das ist der „geheuchelte-Liebe-Detektor". Der Typ liebt sie nicht. Er liebt es vielleicht, Sex mit ihr zu haben. Vielleicht liebt er auch ihren Körper. Vielleicht liebt er es, vor seinen Kumpels mit seiner Eroberung anzugeben. Aber sie liebt er nicht. Wahre Liebe bittet die geliebte Person niemals darum, etwas zu tun, was sie nicht richtig findet oder nicht will.

Liebe reißt nicht die Überzeugungen des anderen nieder, sondern im Gegenteil: „Liebe baut auf" (1. Korinther 8,1).

„Wer seinen Bruder liebt, der bleibt im Licht, und durch ihn kommt niemand zu Fall" (1. Johannes 2,10, L).

„Wenn ihr euch euren Brüdern gegenüber so verhaltet und ihr Gewissen verletzt, so versündigt ihr euch an Christus" (1. Korinther 8,12).

Möchten Sie wissen, ob Ihre Liebe zu jemandem echt und aufrichtig ist, ob Ihre Freundschaft echt ist? Dann überprüfen Sie den Zimmerschlüssel. Fragen Sie sich: Nehme ich dahingehend Einfluss auf diese Person, dass sie tut, was richtig ist?

Wenn Sie mit Ja antworten, dann trinken Sie einen Kaffee. Sie sind im richtigen Hotel. Wenn Sie sich dann noch einmal zusätzlich vergewissern wollen, stellen Sie auch noch die nächste Frage: *Spende ich dem, was richtig ist, Beifall?* „Denn die Liebe freut sich . . . wenn die Wahrheit siegt" (1. Korinther 13,6).

In dem Sommer bevor ich in die achte Klasse kam, freundete ich mich mit einem Jungen namens Larry an. Er war neu in der Stadt, also redete ich ihm zu, doch in unserer Schulmannschaft Football zu spielen. Er konnte es mit einigen der Jungen aus dem Team durchaus aufnehmen, und weil er ein kräftiger Bursche war, konnte er es sogar in die Schulauswahl schaffen.

Das Ergebnis war ein Szenario von der Art: „Ich habe eine gute und eine schlechte Nachricht". Die gute Nachricht war: Er schaffte es ins Team. Und die schlechte? Er bekam meine Position. Ich wurde in die zweite Mannschaft degradiert. Ich versuchte mich für ihn zu freuen, aber das war wirklich schwer.

Ein paar Wochen nach Beginn der Saison fiel Larry vom Motorrad und brach sich einen Finger. Ich erinnere mich noch genau an den Tag, als er bei mir vor der Haustür stand und den eingegipsten Finger hoch hielt: „Sieht so aus, als wärest du jetzt wieder am Ball."

Ich versuchte ihn zu bedauern, aber auch das war wirklich schwer. Es war für Paulus viel einfacher, diese Stelle zu schreiben als für mich, entsprechend zu handeln. „Wenn andere fröhlich sind, dann freut euch mit ihnen. Weint aber auch mit den Trauernden!" (Römer 12,15).

Sie möchten die Tiefe Ihrer Liebe zu jemandem ausloten? Wie fühlen Sie sich, wenn diese Person Erfolg hat, ihr etwas wirklich gut gelingt? Freuen Sie sich dann mit? Oder sind Sie neidisch? Und wenn sie strauchelt und fällt? Tut Ihnen das dann wirklich Leid? Oder gefällt es Ihnen insgeheim?

Liebe freut sich niemals über das Unglück des anderen. Niemals, sondern sie teilt die Freude derer, die aus der Wahrheit leben.

Sie wissen, dass Ihre Liebe echt ist, wenn Sie mit denen, die weinen, mitweinen und sich mit denen, die sich freuen, mitfreuen. Sie wissen, dass Ihre Liebe echt ist, wenn Sie für andere empfinden, was Catherine Lawes für die Insassen des Sing Sing Gefängnisses empfand. Als ihr Mann dort 1921 Wärter wurde, war sie Mutter dreier kleiner Töchter. Niemand wollte, dass sie auch nur einen Fuß in das Gefängnis setzte, aber sie hörte nicht auf die Stimmen, die das sagten. Als das erste Basketballspiel im Gefängnis stattfand, kam sie mit ihren drei Mädchen im Schlepptau, um zuzuschauen und setzte sich zu den anderen Insassen auf die Tribüne.

Sie sagte einmal: „Mein Mann und ich werden uns um diese Männer kümmern und ich glaube, dass sie sich auch um mich kümmern werden! Ich brauche mir keine Sorgen zu machen."

Als sie erfuhr, dass ein verurteilter Mörder blind war, brachte sie ihm Blindenschrift bei, damit er lesen konnte. Als sie erfuhr, dass es auch schwerhörige Insassen gab, lernte sie die Gebärdensprache und unterrichtete die Männer darin, damit sie sich untereinander verständigen konnten. Sechzehn Jahre lang kümmerte sich Catherine Lawes darum, dass die Männer in Sing Sing innerlich weicher wurden. 1937 staunte dann die Welt darüber, wie sehr wahre, echte Liebe verändern kann.

Die Gefangenen wussten, dass etwas nicht stimmte, als Lewis Lawes nicht zum Dienst erschien. Wie ein Lauffeuer verbreitete sich die Nachricht, dass Catherine bei einem Autounfall ums Leben gekommen war. Am darauf folgenden Tag wurde sie in ihrem Heim aufgebahrt, etwa einen Kilometer vom Gefängnis entfernt. Als der diensthabende Wärter seine Morgenrunde absolvierte, bemerkte er eine Menschenansammlung am Haupttor. Jeder Gefangene drückte gegen den Zaun. Alle hatten Tränen in den Augen und ernste Gesichter. Keiner sprach oder rührte sich. Sie waren alle gekommen, um so nah wie möglich bei der Frau zu sein, die ihnen Liebe erwiesen hatte.

Die Wärter trafen eine erstaunliche Entscheidung. „Also gut, Männer, ihr könnt gehen, um Abschied von ihr zu nehmen, aber sorgt selbst dafür, dass bis heute Abend alle wieder zurück sind." Das waren Amerikas übelste Schwerverbrecher. Mörder, Räuber, das waren Leute, die lebenslange Haftstrafen abzusitzen hatten. Aber der Wärter schloss das Haupttor für sie auf und sie gingen ohne Wachen oder andere Begleitung zum Haus von Catherine Lawes, um ihr die letzte Ehre zu erweisen. Und bis auf den letzten Mann waren am Abend alle wieder da.[1]

Echte Liebe verändert Menschen.

Hat Gottes Liebe Sie nicht verändert? Waren Sie nicht auch blind wie der besagte Gefangene? Sie konnten nicht weiter sehen als bis zu Ihrem Grab. Sie konnten nicht den Sinn und Zweck Ihres Lebens erkennen. Erst als er ihn Ihnen zeigte. Oh ja, Ihre Ohren funktionierten gut, aber Ihr Herz verstand nichts. Sie hatten noch nie von solcher Liebe und Freundlichkeit gehört und Sie hätten davon auch nie erfahren, aber Gott sprach in Ihrer Sprache mit Ihnen, in einer Sprache, die Sie verstehen konnten. Und das Wichtigste, er hat Sie frei gemacht. Sie sind frei! Frei, einfach wegzulaufen. Frei, sich innerlich zu verhärten. Sie haben die Freiheit, sich in den Straßengraben zu kauern oder sich hinter Mülltonnen zu verstecken. Aber Sie tun es nicht. Oder wenn Sie es tun, kommen Sie trotzdem irgendwann zurück. Warum?

Weil Sie noch nie zuvor so geliebt worden sind.

Gott besteht die Prüfung aus 1. Korinther 13,7. Will er das Beste für Sie? „Gott . . . wird niemanden zum Bösen verführen" (Jakobus 1,13).

Jede Handlung des Himmels hat ein erklärtes Ziel: Dass Sie Gott erkennen. „Er hat den einen Menschen geschaffen, von dem alle Völker auf der ganzen Erde abstammen. Er hat auch bestimmt, wie lange und wo sie leben sollen. Das alles hat er getan, weil er wollte, dass die Menschen ihn suchen, damit sie ihn spüren und finden können. Und wirklich, er ist uns ja so nahe!" (Apostelgeschichte 17,26–27).

Und freut Gott sich darüber, wenn Sie tun, was richtig ist? Ganz bestimmt. „Er freut sich über alle, die ihm in Ehrfurcht begegnen und von seiner Gnade alles erwarten" (Psalm 147,11).

Weint er mit Ihnen, wenn Sie weinen? Auf jeden Fall! Er ist „der Vater voller Barmherzigkeit, der Gott, der uns in jeder Not tröstet! In allen Schwierigkeiten ermutigt er uns und steht uns bei" (2. Korinther 1, 3–4).

Möchten Sie wissen, was Liebe ist? „Das Einzigartige an dieser Liebe ist: Nicht wir haben Gott zuerst geliebt, sondern er hat uns seine Liebe geschenkt. Er gab uns seinen Sohn, der alle Schuld auf sich nahm, um uns von unserer Schuld freizusprechen" (1. Johannes 4,10).

Gott besteht die Prüfung. Na ja, das sollte er eigentlich auch, denn er hat sie sich schließlich ausgedacht.

Und was bedeutet das nun konkret für uns? Vielleicht lässt sich das am besten anhand von drei Punkten zusammenfassen, an die wir denken sollten, wenn es um Liebe geht:

Seien Sie vorsichtig. Vergewissern Sie sich, ob Sie auch wirklich im richtigen Hotel sind. Bevor Sie vor den Altar treten, schauen Sie sich wirklich gut um. Vergewissern Sie sich, ob das tatsächlich der Platz ist, an dem Gott Sie haben will. Und wenn Sie daran auch nur den Hauch eines Zweifels haben, dann gehen Sie lieber wieder. Tun Sie nichts Falsches, um richtig zu sein. Nehmen wir einmal an, ich hätte das in dem Hotel getan. Stellen Sie sich vor, ich hätte die Hotelleitung gebeten, das Schloss meiner Zimmertür und die Zahl auf der Tür auszutauschen. Ich wäre immer noch im falschen Zimmer gewesen. Also seien Sie vorsichtig.

Und bevor sich die Liebe regt, lassen Sie sich an Gott genügen. Er ist immer genug. Es gibt Zeiten, in denen Gott zulässt, dass wir ganz direkt und intensiv erleben, wie zerbrechlich menschliche Liebe ist, damit wir umso mehr entdecken, wie stark die seine ist. Hat er das nicht auch bei David so gemacht? Saul wendete sich gegen David. Davids Frau Michal betrog ihn. Jonathan und Samuel waren zwar Davids Freunde, konnten ihm aber nicht in die Wildnis folgen. Durch Betrug und andere Lebensumstände stand David plötzlich völlig allein da. Allein mit Gott. Und so stellte David fest, dass Gott genügte.

Folgende Worte schrieb David auf der Flucht: „Deine Liebe bedeutet mir mehr als mein Leben! Darum will ich dich loben; mein Leben lang werde ich dir danken und meine Hände zum Gebet emporheben. Ich juble dir zu und preise dich, ich bin glücklich und zufrieden wie bei einem Festmahl" (Psalm 63,4–6).

Beten Sie. Aber was, wenn es schon zu spät ist? Besonders, wenn Sie mit jemandem verheiratet sind, den Sie nicht lieben – oder der Sie nicht liebt? Viele Menschen entscheiden sich dann dafür zu gehen. Vielleicht ist das ja auch der Schritt, für den Sie sich entscheiden. Aber wenn das der Fall ist, dann machen Sie bitte zuvor mindestens noch tausend andere Schritte. Und umbeten Sie jeden einzelnen dieser Schritte. Liebe ist eine Frucht des Geistes.

Bitten Sie Gott darum, so lieben zu können, wie er liebt. „Denn durch den Heiligen Geist, der uns geschenkt wurde, ist Gottes Liebe in uns" (Römer 5,5). Bitten Sie jeden, den Sie kennen, ebenfalls für Sie zu beten, Ihre Freunde, Ihre Familie, Ihre Gemeindeleiter. Sorgen Sie dafür, dass Ihr Name auf jeder nur erdenklichen Gebetsliste steht. Und das Allerwichtigste: Beten Sie für Ihren Ehepartner und wenn möglich auch mit ihm. Bitten Sie den Gott, der Tote auferwecken kann, die letzten Funken Ihrer Liebe wieder neu zu entfachen und sie zu neuem Leben zu erwecken.

Seien Sie dankbar. Seien Sie dankbar für die Menschen, die Sie lieben. Seien Sie dankbar für alle, die Ihnen Mut machen, das Richtige zu tun, und die applaudieren, wenn Sie genau das geschafft haben. Gibt es in Ihrem Leben solche Menschen? Wenn ja, dann sind Sie doppelt gesegnet. Seien Sie dankbar für diese Leute. Und seien Sie dankbar für Ihren Vater im Himmel. Er besteht den Test völlig mühelos.

Ist es nicht gut zu wissen, dass selbst wenn Sie nicht mit vollkommener Liebe lieben, er das trotzdem tut? Gott unterstützt und fördert immer das, was richtig ist. Er spendete dem, was richtig ist, immer Beifall. Er tut nie etwas Falsches, denn er ist die Liebe, und die Liebe „freut sich nicht am Unrecht, sondern freut sich, wenn die Wahrheit siegt" (1. Korinther 13,6).

Liebe gibt es nur als Gesamtpaket

*Die Liebe erträgt alles,
sie glaubt alles, sie hofft alles
und hält allem stand.*
1. Korinther 13,4–7

*Wie lange muss ich dich noch ertragen?
Das Verhalten von Jesus ist Antwort auf diese
von ihm selbst gestellte Frage . . .
Bis der Hahn kräht und der Schweiß brennt
und die Hammerschläge dröhnen
und am Hügel vor der Stadt ein Heer von
Dämonen einen sterbenden Gott angrinst.
Wie lange? Lange genug, dass jede einzelne
Sünde meine sündlose Seele so tief durchtränkt,
dass der Himmel sich voller Grauen abwendet,
bis meine geschwollenen Lippen die letzte
Transaktion verkünden: „Es ist vollbracht."
Wie lange also? Bis es mich umbringt.*

Meine Eltern hatten für Restaurants wenig übrig. Das lag zum Teil auch an der Auswahl vor Ort, denn ein Mittelklasseimbiss stellte damals die kulinarische Spitze dar, alles andere war noch schlechter. Der Hauptgrund für die besagte Einstellung meiner Eltern war jedoch ein anderer. Wieso auswärts essen, wenn man doch auch zu Hause alles haben kann? Besuche im Restaurant gab es höchstens einmal oder zweimal im Monat und dann auch nur sonntags. Komisch, jetzt, wo ich selbst Kinder habe, scheint genau die gegensätzliche Philosophie vorzuherrschen. Wieso zu Hause essen, wenn man es auch auswärts bekommen kann? Wir sagen unseren Töchtern, dass Essenszeit ist und sie ziehen sich Jacken an und gehen in Richtung Garage.

In meiner Jugend aßen wir normalerweise zu Hause und meine Mutter gab meinem Bruder und mir immer dieselbe Anweisung: „Nehmt bitte von allem ein bisschen."

Man brauchte uns nie zu sagen, dass wir den Teller leer essen sollten. Die Essensmenge war keine Herausforderung. Verstehen Sie mich jetzt nicht falsch. Meine Mutter war wirklich eine gute Köchin. Aber gekochtes Okra? Spargel? Ob das wirklich ursprünglich für den menschlichen Verzehr gedacht war?

Laut Aussage unserer Mutter war das der Fall und – ebenfalls laut Aussage unserer Mutter – musste beides deshalb auch gegessen werden. „Esst von allem ein bisschen" war bei uns zu Hause eine eherne Regel.

Im Selbstbedienungsrestaurant galt diese Regel allerdings nicht. Zu ganz besonderen Anlässen nahmen wir die fünfundvierzigminütige Anreise zur größten kulinarischen Innovation seit dem Gasherd auf uns: dem Selbstbedienungsrestaurant. Und was war das für ein grandioser Augenblick, wenn man sein Tablett nahm und sich die schier grenzenlose Auswahl ansah! Ein wahres Füllhorn der feinen Küche. Man ging an den Kühlvitrinen entlang, geradezu betört von der Auswahl und in der Freiheit, selbst wählen zu dürfen. Ja zum Bratfisch; nein zu gebratenen Tomaten. Ja zum Nusskuchen; nein, nein und tausend Mal nein zu Okra und Spargel. Selbstbedienungsrestaurants sind wirklich etwas ganz Tolles.

Wäre es nicht wunderbar, wenn die Liebe so wäre wie ein Selbstbedienungsrestaurant? Was, wenn man sich den Menschen, mit dem man zusammenlebt, ansieht und dann das, was man möchte, nimmt und am Rest einfach vorbeigeht? Was, wenn Eltern das mit ihren Kindern machen könnten? „Ich nehme einen Teller guter Noten und süßen Lächelns und gehe an der Pubertät und den Kosten für die Kieferregulierung vorbei."

Was wäre, wenn Kinder dasselbe mit den Eltern machen könnten? „Ich hätte gerne eine Portion Taschengeld und freie Kost und Logis, aber bitte keinen abendlichen Zapfenstreich oder andere Regeln."

Und Ehepartner miteinander. „Hmmm, wie wäre es mit einem Schälchen guter Gesundheit und guter Laune? Berufliche Versetzungen, Schwiegereltern und die Wäsche werden dagegen von meinem Speiseplan gestrichen."

Wäre es nicht wirklich toll, wenn die Liebe wie ein Selbstbedienungsrestaurant wäre? Sie wäre einfacher, sie wäre wesentlich geordneter und sie wäre schmerzloser und friedlicher. Aber wissen Sie was? Es wäre dann keine Liebe mehr. Liebe akzeptiert nicht nur ein paar Dinge, sondern sie ist bereit, alles zu nehmen.

Die Liebe . . . glaubt alles, sie hofft alles und hält allem stand (1. Korinther 13,4-7).

Paulus sucht nach einem Schleifenband, mit dem er eine der schönsten Bibelstellen zusammenbinden und verpacken kann. Ich stelle mir einen Heiligen mit wettergegerbtem Gesicht vor, der in seinem Diktat innehält.

„Lass mich kurz überlegen." Er zählt an seinen Fingern ab. „Mal sehen, Geduld, Freundlichkeit, Neid, Überheblichkeit. Wir haben schon Unhöflichkeit, Egoismus, Zorn, Vergebung, das Böse und die Wahrheit erwähnt. Habe ich jetzt alles abgedeckt? Ah ja, das ist alles. So, jetzt schreib das bitte auf. Die Liebe glaubt alles, sie hofft alles und hält allem stand."

Die Formulierung dieses Satzes gehört wirklich zu Paulus' Glanzleistungen. Achten Sie einmal auf den Rhythmus in der Urfassung: *panta stegei, panta pisteuei, panta elpigei, panta upomenei*. (Wenn sie jetzt von jemandem gefragt werden, was Sie denn gerade tun, dann können Sie sagen: „Ich lese ein bisschen Griechisch." Aber sagen Sie das bitte bescheiden, denn die Liebe bläht sich nicht auf.) Ist Ihnen die vierfache Verwendung des Wortes *panta* aufgefallen?

Ableitungen dieses Wortes tauchen auch im Fremdwörterbuch auf: *Pantheismus* beispielsweise ist der Glaube, dass Gott in allen Dingen ist. *Panta* heißt „alle Dinge".

Gottes Sicht von der Liebe ist so wie die Sicht meiner Mutter vom Essen. Wenn wir jemanden lieben, dann entscheiden wir uns für das Gesamtpaket. Kein Herumgestocher und Aussortieren, keine große Portion vom Guten und Weiterreichen des Nicht-so-Leckeren. Liebe ist die Entscheidung für das Gesamtpaket.

Aber wie können wir nun diejenigen lieben, bei denen es uns sehr schwer fällt?

Der Apostel Paulus war mit derselben Frage konfrontiert. Ja, sie ist der Grund, weshalb es diesen Brief überhaupt gibt. Die Gemeinde, die Paulus im Süden von Griechenland gegründet hatte, war aus dem Tritt geraten. Bei der Frage der Einheit gingen die Mitglieder der Gemeinde nicht mehr im Gleichschritt. Der Apostel hatte kaum den Stift zu Papier gebracht, da schrieb er auch schon:

Liebe Brüder, im Auftrag unseres Herrn Jesus Christus möchte ich euch aber bitten: Hört auf, euch zu streiten! Duldet keine Spaltungen in der Gemeinde, sondern steht fest zusammen, seid einig in allem, was ihr denkt und glaubt!

Von den Verwandten der Chloe habe ich erfahren, dass ihr Streit miteinander habt. 1. Korinther 1,10–11

Das griechische Wort für *streiten* wird auch zur Beschreibung von Kriegsschlachten verwendet. Die Gemeinde von Korinth befand sich demnach also im Kriegszustand. Aber warum war das so? Sie konnten sich nicht auf einen Leiter einigen.

„Es soll einige bei euch geben, die sagen: ‚Wir richten uns nach dem, was Paulus gesagt hat‘, während andere erklären: ‚Wir halten uns an Apollos!‘ Die nächsten meinen: ‚Was Petrus sagt, ist richtig!‘ und die letzte Gruppe behauptet schließlich: ‚Wir glauben allein an Christus!‘" (V.12).

Die Gemeindeglieder hatten ihre Lieblingsleiter. Manche scharten sich um Paulus, den Gemeindegründer, anderen gefiel Apollos besser, weil er ein besonders dynamischer Redner war. Manche wiederum zogen Petrus vor, einen der ursprünglichen Apostel. Einige folgten ihm nach und andere waren glücklich, einfach Jesus nachzufolgen. Die Gemeinde war also in vier Gruppen gespalten, in Paulaner, Appollonianer, Petrusanhänger und Jesusnachfolger. Als es dann um die Einheit ging, waren die Mitglieder völlig aus dem Tritt.

Und was die Moral betraf, war die Gemeinde außer Kontrolle. Paulus schreibt:

Ich habe gehört, dass ihr in eurer Gemeinde Unzucht duldet, und zwar soll einer von euch mit seiner Stiefmutter zusammenleben. So etwas gibt es nicht einmal bei den schlimmsten Heiden!

Ihr aber seid auch noch eingebildet. Müsstet ihr nicht
stattdessen traurig und beschämt diesen Mann aus der
Gemeinde ausschließen? 1. Korinther 5,1–2

Paulus fragt sich, was schlimmer ist – das, was dieser
Mann tut oder dass die Gemeinde tatenlos dabei zu-
schaut.

Da hat ein Mann ein Verhältnis mit der Frau seines
Vaters. Weil Paulus hier nicht von Inzest spricht, war
die Frau wahrscheinlich die Stiefmutter des besagten
Mannes. Selbst die Gemeinde von Korinth fand ein solches Verhalten abstoßend. Sogar nach dem römischen
Gesetz war es verboten, dass ein Sohn die Frau seines
Vaters heiratete, auch dann, wenn der Vater nicht mehr
lebte.[1] Aber hier fand mitten in der Gemeinde ein Verhältnis zwischen Familienangehörigen statt und niemand sagte etwas!

Was die Moral betraf, so war die Gemeinde völlig außer Kontrolle. Ihre moralische Schwäche resultierte
wahrscheinlich aus einer oberflächlichen Theologie,
denn was biblisches Wissen anging, so stand es damit
in der Gemeinde ebenfalls nicht zum Besten.

Die Kontroverse war dabei folgende: Dürfen wir
Fleisch essen, das heidnischen Götzen zum Opfer gebracht wurde? Zu vielen heidnischen Kulten gehörten,
wie auch zum jüdischen Gottesdienst, Tieropfer. Es
wurden aber nur bestimmte Teile der geschlachteten
Tiere tatsächlich verbrannt, der Rest wurde zwischen
den Priestern und der Bevölkerung aufgeteilt. Uneinig
war man sich jetzt darüber, ob Christen solches Fleisch
essen durften. Schließlich sagt Paulus: „Dürfen wir also
Opferfleisch essen oder nicht? Wir wissen doch alle,
dass es außer dem einen Gott gar keine anderen Götter
gibt" (1. Korinther 8,4). Also, die Befürworter des Opferfleischessens hatten kein Problem damit, dieses Opferfleisch zu essen.

Die Gegner dagegen konnten es mit ihrem Gewissen

nicht vereinbaren. In Vers 7 fasst Paulus ihr Dilemma in Worte: „Einige Christen, die noch unsicher in ihrem Glauben sind, haben das aber noch nicht erkannt. Bisher waren sie davon überzeugt, dass es wirklich Götter gibt. Wenn sie nun vom Opferfleisch essen, fürchten sie, damit zugleich auch die Götter anzuerkennen und bekommen ein schlechtes Gewissen."

Manche Gemeindeglieder betrachteten das Essen von Opferfleisch als eine Art erweiterten Götzendienst. Die Gegner des Opferfleischessens fanden es schwer, hier einen Schlussstrich zu ziehen. Und den Befürwortern fiel es schwer, geduldig zu bleiben. Sie fühlten sich frei in Christus und konnten nicht nachvollziehen, wieso andere nicht genauso empfanden.

Paulus stimmt ihnen in ihrer Überzeugung zu: „Ihr dagegen sagt: ‚Wir werden vor Gott weder besser noch schlechter, ob wir nun das Fleisch essen oder nicht'" (8,8). Er hatte kein Problem mit der Überzeugung derer, die es in Ordnung fanden Opferfleisch zu essen. Allerdings hatte er sehr wohl Probleme mit deren Überheblichkeit. Sein Sarkasmus in Vers 2 ist kaum zu übersehen: „Nun wolltet ihr wissen, ob wir als Christen das Opferfleisch essen dürfen, das den Göttern geweiht wurde. Wir wissen zwar, dass Götzen keine Macht haben. Doch Einsicht allein führt leicht zum Hochmut. Unerlässlich ist auch hier nur die Liebe, sie baut die Gemeinde auf. Wenn sich einer einbildet, alles zu wissen, so zeigt das nur, dass er noch nicht weiß, worauf es wirklich ankommt" (8,1–2).

Autsch. Die Leute hatten zwar die richtigen Informationen aber die falsche Einstellung. Sie waren so gelehrt und erhaben, dass es ihnen zu Kopf gestiegen war.

Also lassen Sie uns die Verwirrung der Korinther noch einmal zusammenfassen. Was die Einheit betraf, so waren sie aus dem Tritt geraten. In Sachen Moral waren sie völlig außer Kontrolle und theologisch nicht auf einer Linie.

Aber es kam noch etwas hinzu! Auch was den Gottesdienst und die Anbetung betraf, funktionierte die Gemeinde nicht. Die neue Freiheit bereitete ihnen nicht nur Probleme mit der Moral und dem Fleischessen, sondern verursachte auch Probleme in der Versammlung.

Kopftücher waren beispielsweise ein Problem. Manche Frauen kamen ohne Kopfbedeckung in die Gemeinde. In Korinth war der Schleier ein Zeichen für Bescheidenheit und Tugendhaftigkeit. Sich in aller Öffentlichkeit ohne Schleier sehen zu lassen, war eigentlich schon gleichbedeutend mit unmoralischem Verhalten. Die „aufgeklärten" Gläubigen wollten die Schleier abschaffen und mit offenem Visier in die Zukunft schauen. Andere sagten dazu jedoch: „Nicht so schnell." Zu dieser zweiten Gruppe gehörte auch Paulus. Die unverschleierte Frau könnte sich ebenso die Haare scheren lassen, argumentiert er (11,5).

Und dann war da noch die Frage des Abendmahls. In Korinth bestand es aus mehr als Esspapier oder Toastbrot und Saft; es war eine ausgedehnte Mahlzeit mit Essen, Gemeinschaft und Anbetung. Manche Gemeindemitglieder missverstanden allerdings, worum es dabei ging. Das Essen gefiel ihnen sehr, weniger dagegen Gemeinschaft und Gottesdienst. Sie kamen früh, aßen mit Appetit und ließen den anderen nichts als einen abgegessenen Tisch zurück.

Die Frauen verstanden nicht, worum es beim Schleier ging. Die anderen verstanden nicht, worum es beim Abendmahl ging und kaum einer verstand, was es mit den Geistesgaben auf sich hatte. Manche waren stolz auf ihre Gaben, andere hatten das Gefühl, dabei zu kurz gekommen zu sein. Es gab zu viel Zungenrede und Predigt und zu wenig Auslegung und Zuhören, was zu einem heillosen Durcheinander führte (14,23).

Oh Korinth. Du hast ein Problem in jeder Kirchenbank! Territorial egoistisch, moralisch fragwürdig, the-

ologisch oberflächlich und als Leib Christi rücksichts-
los.

Wie soll denn so einer Gemeinde geholfen werden?

Man kann sie korrigieren und genau das tut Paulus
auch. Aber irgendwann hört man auf, den Verstand des
anderen anzusprechen, und man appelliert stattdessen
an sein Herz: „Die Liebe . . . erträgt alles, sie glaubt alles, sie hofft alles und hält allem stand" (1. Korinther
13,4–7).

Wenn Sie Eltern sind, können Sie sich bestimmt in
Paulus' Problem hineinversetzen. So etwas kennen Sie
doch auch. Aus dem Zimmer Ihrer Tochter kommt ein
markerschütternder Schrei. Sie rennen hin und finden
Ihren achtjährigen Sohn kreischend und Ihre sechs
Jahre alte Tochter tränenüberströmt vor.

Sie seufzen: „Was ist denn passiert?" Doch diese Frage hätten Sie nie stellen sollen.

„Er hat meine Babypuppe aus dem Fenster gewor-
fen."

„Aber sie ist auf mein Nintendo-Spiel getreten."

Und dann geht es los: „Er hat das gemacht."

„Aber sie hat das gemacht."

„Aber er hat das gemacht."

„Aber sie hat das gemacht."

Sie schütteln den Kopf und fragen sich, wieso Ihre
Kinder eigentlich nicht mehr nach Ihnen als nach der
anderen Seite der Familie geraten sind.

Irgendwann macht man endlich das Zeichen für
„Auszeit". Jetzt müssen Sie es grundsätzlicher anpa-
cken. Sie reden mit Ihren Kindern über etwas Höheres
als Spielzeug, etwas viel Großartigeres als Spiele. Sie
reden mit ihnen über Liebe. Sie reden mit ihnen über
Familie. Sie wischen der Kleinen die Tränen ab, strei-
cheln dem Sohnemann über den Kopf und sprechen
vollmundig über das Thema Familienzusammenhalt
und dass man sich umeinander kümmern muss. Sie
sagen ihnen, dass das Leben zu kurz ist, um dauernd

zu streiten und dass Menschen zu kostbar sind für Zorn und dass am Ende das, was alles löst, die Liebe ist.

Sie hören zu. Sie nicken. Und Sie werden von einer Welle der Zufriedenheit überrollt. Sie stehen einfach da und dann gehen Sie. Das Streiten kann zwar jederzeit wieder losgehen, aber wenigstens haben Sie jetzt etwas gesät.

Paulus könnte dasselbe sagen. Zwölf Kapitel lang hat er sich abgemüht, die Knoten der fehlenden Einheit zu entwirren. Drei weitere Kapitel versucht er ihre Konflikte zu verstehen. Aber Kapitel 13 ist seine „Auszeit". Er sieht nur eine Lösung. Und diese Lösung ist ein griechisches Wort mit fünf Buchstaben: A-G-A-P-E. *Agape*.

Paulus hätte auch das griechische Wort *eros* verwenden können, aber er spricht hier nicht von körperlicher Liebe. Er hätte auch den Ausdruck *phileo* benutzen können, aber er stellt viel mehr dar als Freundschaft. Oder auch *storge* hätte er schreiben können, eine zärtliche Form der Liebe innerhalb der Familie. Aber Paulus will mehr als nur Frieden innerhalb des Hauses und der Familie.

Er stellt sich *agape* Liebe vor. *Agape*-Liebe kümmert sich um andere, weil Gott sich um uns kümmert. Agape-Liebe geht über Gefühle und gute Wünsche hinaus. Weil Gott uns zuerst geliebt hat, reagiert die Agape-Liebe darauf. Weil Gott gnädig war, vergibt die Agape-Liebe auch dann den Fehler, wenn er wirklich schwerwiegend war. Agape bietet Geduld, wenn der Druck hoch ist und verteilt Freundlichkeit, wenn Freundlichkeit rar ist. Warum das so ist? Weil Gott uns beides auch immer wieder schenkt.

Agape-Liebe „erträgt alles, sie glaubt alles, sie hofft alles und hält allem stand" (13,7).

Das ist die Art von Liebe, die Paulus der Gemeinde von Korinth verschreibt. Brauchen Sie heute nicht dasselbe Rezept? Kämpfen nicht auch heute die unterschiedlichen Gemeindegruppen gegeneinander? Liebäugeln wir nicht mit Menschen, Gedanken und Dingen, von denen wir uns lieber fernhalten sollten? Schweigen wir nicht hin und wieder, wenn wir besser reden sollten? Und haben nicht diejenigen, die Freiheit gefunden haben, immer noch die größten Schwierigkeiten mit denen, bei denen das nicht so ist? Irgendwann wird es eine Gemeinschaft geben, in der sich jeder benimmt und keiner beschwert, aber das wird erst im Himmel so sein.

Und was sollen wir bis dahin tun? Wir argumentieren und begründen, wir konfrontieren und wir lehren, aber vor allem lieben wir.

Eine solche Liebe ist nicht einfach. Nicht für Sie und nicht für mich. Nicht einmal für Jesus. Möchten Sie dafür einen Beweis? Hören Sie sich an, wie frustriert er war: „O du ungläubiges Geschlecht, wie lange soll ich bei euch sein? Wie lange soll ich euch ertragen?" (Markus 9,19).

Sogar der Messias bekam demnach Teller mit Okra und Spargel gereicht. Das Wissen, dass Jesus solche Fragen gestellt hat, ist für uns Bestätigung. Aber wenn wir uns anschauen, wie er auf diese Fragen reagiert, dann wird uns das verändern. *Wie lange soll ich euch ertragen?*

„Lange genug, um mich von meinen Brüdern als Lügner und von den Nachbarn als Aufschneider bezeichnen zu lassen. Lange genug, um aus meiner Stadt und aus dem Tempel verjagt zu werden. Lange genug, um ausgelacht, beschimpft, geohrfeigt, verprügelt, geblendet und verspottet zu werden. Lange genug, um warme Spucke und Peitschenhiebe zu spüren und die Blutlache zu meinen Füßen zu sehen."

Wie lange? „Lange genug, dass sich jede Sünde in meine sündlose Seele saugt, dass der Himmel sich mit Grausen abwendet und meine geschwollenen Lip-

pen die letzte Transaktion formulieren: ‚Es ist vollbracht.'"

Wie lange? „Bis es mich umbringt."

Jesus hat alles ertragen, alles geglaubt, alles gehofft
und alles ausgehalten. Ausnahmslos alles.

Der Mantel der Liebe

Die Liebe . . .
gibt nie jemanden auf.
1. Korinther 13,6–7 (GN)

Wir verstecken uns. Er sucht.
Wir bringen Sünde. Er bringt ein Opfer.
Wir probieren es mit Feigenblättern.
Er bringt den Mantel der Gerechtigkeit.
Und uns bleibt, das Lied des Propheten
zu singen.
„Er hat mich damit bekleidet wie mit einem
schützenden Mantel.
Nun stehe ich da wie ein Bräutigam
mit festlichem Turban,
wie eine Braut im Hochzeitsschmuck"
(Jesaja 61,10).

In den dreißiger Jahren des letzten Jahrhunderts arbeitete Joe Wise als junger Assistenzarzt im Cook Hospital in Fort Worth, Texas. Die Patienten nannten ihn den „Doktor mit der Rose". Er brachte sie zum Lächeln, indem er eine Blüte aus den Blumensträußen von den Nachttischen der Patienten nahm und sie sich am Kittelrevers ins Knopfloch steckte.

Magda brauchte allerdings mehr als ein Lächeln. Bei einem Autounfall war eines ihrer Beine direkt unterhalb des Knies beinahe vollständig abgetrennt worden. Magda war jung und schön und hatte große Angst. Als Joe sie in der Notaufnahme sah, tat er etwas, das er noch nie zuvor getan hatte.

Er nahm seinen mit einer Rose geschmückten Arztkittel und legte ihn sanft über die junge Frau. Als sie in den Operationssaal geschoben wurde, nahm man den Kittel weg, aber sie bat, die Blume bitte behalten zu dürfen, und als sie nach der Operation aufwachte, hielt sie sie immer noch fest in der Hand.

Wenn ich Ihnen sage, dass Magda Joe nie vergessen hat, dann wird Sie das wahrscheinlich nicht weiter überraschen. Wenn ich Ihnen allerdings sage, wie sie sich bei ihm bedankte, könnten Sie durchaus überrascht sein.

Bevor wir jedoch die Geschichte von Joes Kittel zu Ende bringen, dürfte ich Sie da vielleicht bitten, über Ihren eigenen Kittel bzw. Mantel nachzudenken? Besitzen Sie einen Mantel der Liebe? Kennen Sie jemanden, der einen brauchen könnte? Wenn Sie jemanden in Fürsorge einhüllen, dann erfüllen Sie damit, was Paulus mit seiner Aussage „Liebe gibt nie jemanden auf" (1. Korinther 13, 4–7) meint.

Paulus verwendet hier ein Wort mit vielen Bedeutungsnuancen. Die Grundbedeutung ist so viel wie „bedecken, verbergen, verhüllen". Mit diesem Grundbegriff verwandte Substantive sind beispielsweise die Wörter

Dach und *Unterschlupf.* Wenn Paulus an dieser Stelle schreibt: „Liebe gibt nie jemanden auf", dann hat er dabei vielleicht an den Schatten unter einem Baum gedacht oder an die Zuflucht in einem Haus. Vielleicht hatte er sogar einen Mantel im Sinn. Ein Theologe ist dieser Meinung. Das *Theological Dictionary of the New Testament* (Theologisches Wörterbuch des Neuen Testamentes) ist ja nun eher für seine sachlichen Worterklärungen bekannt als für seine poetische Dimension, aber der besagte Theologe klingt geradezu poetisch, wenn er erklärt, dass dieses „nie aufgeben" in 1. Korinther 13,7 soviel bedeutet wie schützen. Das hier benutzte Wort, so schreibt er, „enthält den Gedanken, jemanden oder etwas mit einem Mantel der Liebe zu bedecken, zuzudecken".[1]

Können Sie sich daran erinnern, wie Sie selbst einmal mit einem solchen Mantel bedeckt wurden? Sie waren vielleicht furchtbar nervös wegen einer Klausur, aber der Lehrer blieb nach der Stunde noch etwas länger, um Ihnen zu helfen. Sie waren weit weg von zu Hause und hatten Angst, aber Ihre Mutter rief Sie an, um Sie zu trösten. Sie waren unschuldig angeklagt und Ihr Freund stand zu Ihnen und verteidigte Sie. Zugedeckt mit Ermutigung, zugedeckt mit einfühlsamer Fürsorge, zugedeckt mit Schutz. *Zugedeckt mit dem Mantel der Liebe.*

Ihr schönster Mantel der Liebe kommt jedoch von Gott. Haben Sie an Ihren Schöpfer noch nie in seiner Funktion als Kleiderfabrikant gedacht? Adam und Eva taten das.

Jeder Klamottenladen auf der ganzen Welt verdankt seine Existenz letztlich Adam und Eva. Bügelbretter, Kleiderschränke, Kleiderbügel – alle gehen zurück auf unsere Vorfahren aus dem Garten Eden. Bevor Adam und Eva sündigten, brauchten sie keine Kleider, aber danach konnten sie sich gar nicht schnell genug anziehen. Sie versteckten sich im Gebüsch und machten sich daran, aus Feigenblättern Kleidungsstücke zu basteln.

Sie hatten ein großes Bedürfnis nach Schutz. Das war auch gut so. Sie kannten die Konsequenzen ihres Fehlers. Gott hatte sie gewarnt: „Esst nicht von seinen Früchten, ja – berührt sie nicht einmal, sonst müsst ihr sterben!"(1. Mose 3,3).

Natürlich war es genau der verbotene Baum, dem sie nicht widerstehen konnten und die Frucht dieses Baumes wurde zur Türklinke die, einmal heruntergedrückt, einen Wust unerwünschter Folgen nach sich zog.

Eine davon war Beschämung. Adam und Eva hatten zuvor keine Scham gekannt, danach jedoch empfanden sie nichts anderes mehr. Deshalb versteckten sie sich auch und deshalb nähten sie, aber die Körperbedeckung war unzureichend. Was ist schon ein Baum in einem Hain für die Augen Gottes und welchen Schutz kann da schon ein Feigenblatt bieten?

Adam und Eva erlebten sich, genau wie Magda – verletzt, allerdings nicht durch ein Auto, sondern durch ihre eigene Sünde.

Aber was würde Gott tun? Hatte er nicht sein Gericht angekündigt? War sein Gesetz nicht übertreten worden? Forderte die Gerechtigkeit nicht Adam und Evas Tod? Ist Gott denn nicht vollkommen gerecht?

Aber, so entgegnen wir rasch, ist denn Gott nicht auch die Liebe? Und waren Adam und Eva nicht seine Kinder? Konnte seine Gnade stärker sein als seine Gerechtigkeit? Besteht überhaupt eine Möglichkeit, dass Gerechtigkeit und Güte nebeneinander existieren können?

Laut 1. Mose 3,21 ist das möglich. Dieser Vers wird auch als erste Predigt des Evangeliums bezeichnet, gehalten nicht von Predigern, sondern von Gott selbst. Nicht mit Worten, sondern in Form von Symbol und Handlung. Sie möchten sehen, wie Gott auf unsere Sünde reagiert?

„Gott, der Herr, machte Adam und seinem Weibe Röcke von Fellen und zog sie ihnen an" (1. Mose 3,21).

Was für ein Geheimnis steckt hinter diesen Worten! Lesen Sie die Stelle noch einmal und versuchen Sie, sich diesen Augenblick vorzustellen.

Gott, der Herr machte Kleidung aus Tierfellen für den Mann und seine Frau und zog sie ihnen an.

Dieser schlichte Satz beschreibt drei kraftvolle Szenen.

Szene 1: Gott erlegt ein Tier. Zum ersten Mal in der Geschichte der Erde wird diese mit Blut befleckt. Mit unschuldigem Blut. Das Tier hatte keine Sünde begangen. Das Tier hatte den Tod nicht verdient.

Adam und Eva hätten sehr wohl den Tod verdient, aber sie leben noch. Das Tier hatte es eigentlich verdient zu leben, aber es starb. In der ersten Szene wurde unschuldiges Blut vergossen.

Szene 2: Es wurden Kleidungsstücke hergestellt. Der Gott, der die Sterne erschaffen hat, wurde zum Schneider.

Und Szene 3: Gott zog den Menschen die Kleider an. „Gott der Herr . . . zog sie ihnen an."

Noch einmal: Adam und Eva sind auf dem Weg hinaus aus dem Garten, denn sie sind daraus vertrieben worden, aber jetzt fordert Gott sie auf, kurz innezuhalten.

„Diese Feigenblätter", sagt er kopfschüttelnd, „die werden nie im Leben ausreichen." Und er stellt Kleidung für sie her. Aber er wirft ihnen die neuen Klamotten nicht einfach vor die Füße und sagt, sie sollen die Sachen gefälligst selbst anziehen, sondern er zieht sie ihnen sogar noch selbst an.

„Halt still, Adam. Mal sehen, ob das hier auch passt." So wie eine Mutter, die ihr Kleinkind anzieht, so wie ein Vater seinem Vorschulkind den Reißverschluss vom Anorak zumacht. So wie ein Arzt seinen Kittel über ein verängstigtes Mädchen breitet. Gott bedeckt sie. Er schützt sie.

Liebe ist immer auch (be)schützend.

Hat er nicht dasselbe auch für uns getan? Auch wir essen unseren Teil an verbotenen Früchten, indem wir Dinge sagen, die wir besser nicht sagen sollten, uns an Orten aufhalten, die wir besser meiden sollten, Früchte von Bäumen pflücken, die wir nicht einmal anrühren sollten.

Wenn wir das tun, dann geht die Tür auf und die Scham kommt hereingetorkelt. Und dann verstecken wir uns. Wir nähen uns irgendetwas aus Feigenblättern. Fadenscheinige Erklärungen, durchsichtige Rechtfertigungen. Wir bedecken uns mit guten Taten, aber eine Böe vom Wind der Wahrheit und wir stehen wieder nackt da – splitternackt in unserem eigenen Versagen.

Was tut Gott also? Genau das, was er im Garten für unsere Vorfahren getan hat. Er vergießt unschuldiges Blut. Er opfert das Leben seines Sohnes. Und von der Opferszene nimmt der Vater einen Mantel – nicht die Haut eines Tieres – sondern den Mantel der Gerechtigkeit. Und wirft er ihn uns anschließend zu und sagt, wir sollen uns gefälligst ein bisschen herrichten, um wenigstens einigermaßen auszusehen? Nein, er zieht uns den Mantel selbst an. Er zieht *sich selbst* uns an.

„Denn durch den Glauben an Jesus Christus seid ihr nun alle zu Kindern Gottes geworden. Ihr gehört zu Christus, weil ihr auf seinen Namen getauft seid" (Galater 3,26–27).

Das Herstellen und Anziehen des Mantels ist seine Sache, nicht unsere. Ist Ihnen aufgefallen, dass Adam und Eva beide passiv blieben? Sie taten nichts, absolut nichts. Sie verlangten das Opfer nicht; sie dachten gar nicht an ein Opfer; ja sie zogen sich nicht einmal selbst an. Während des gesamten Geschehens taten sie gar nichts. Und so ist das auch mit uns:

Denn nur durch seine unverdiente Güte seid ihr vom Tod errettet worden. Ihr habt sie erfahren, weil ihr an Jesus

Christus glaubt. Aber selbst dieser Glaube ist ein Geschenk Gottes und nicht euer eigenes Werk. Durch eigene Leistungen kann man bei Gott nichts ausrichten. Deshalb kann sich niemand etwas auf seine guten Taten einbilden.

Gott hat etwas aus uns gemacht: „Wir sind sein Werk, durch Jesus Christus neu geschaffen, um Gutes zu tun. Damit erfüllen wir nur, was Gott schon immer mit uns vorhatte." Epheser 2,8–10

Wir verstecken uns. Er sucht. Wir bringen Sünde. Er bringt ein Opfer. Wir versuchen es mit Feigenblättern. Er holt den Mantel der Gerechtigkeit. Und uns bleibt nur noch, das Lied des Propheten zu singen: „Er hat mich damit bekleidet, wie mit einem schützenden Mantel. Nun stehe ich da wie ein Bräutigam mit festlichem Turban, wie eine Braut im Hochzeitsschmuck" (Jesaja 61,10).

Gott hat uns gekleidet. Er schützt uns mit dem Mantel seiner Liebe. Wenn Sie auf Ihr Leben zurückblicken, können Sie dann erkennen, wo Gott Sie beschützt hat? Ich kann das sehr gut. In meinem ersten Studienjahr am College war ich von einer bestimmten christlichen Bewegung fasziniert, deren Zentrum ein paar Tausend Meilen von meinem College entfernt lag. Ein paar meiner Freunde beschlossen, den Sommer in einer der größten Gemeinden dieser Bewegung zu verbringen und dort an einer Art Jüngerschaftsschule teilzunehmen. Als ich mich ebenfalls darum bemühte, war jedoch jede nur erdenkliche Tür verschlossen.

Kurz darauf bot sich mir jedoch eine andere Möglichkeit, nämlich den Sommer in Brasilien zu verbringen. In diesem Fall öffnete sich mir jede nur denkbare Tür. 25 Jahre später erkenne ich, wie Gott mich beschützt hat. Aus der erwähnten Bewegung ist nämlich eine Sekte geworden – gefährlich und unterdrückerisch. In meiner Zeit in Brasilien habe ich erfahren und erlebt, was Gnade ist und wie sie sich auswirkt – das war befreiend und hat mich froh gemacht. Ob Gott mich beschützt hat? Beschützt Gott uns?

Tut er für uns dasselbe wie für die Frau, die beim Ehebruch ertappt wurde? Er bewahrte sie vor der Steinigung. Und seine Jünger? Er beschützte sie vor dem Sturm. Und den Besessenen? Er bewahrte ihn vor der Hölle selbst. Ja, Jesus beschützte sogar Petrus vor den Zöllnern, indem er eine Zahlung vornahm.[2]

Und Sie? Hat er Sie vor schlechten Beziehungen bewahrt? Vor der falschen Arbeitsstelle? Hat er Sie fern gehalten von _____ (tragen Sie selbst ein)?

„Wie ein Vogel über seinem Nest kreist und seine Jungen ständig im Auge behält, so werde ich, der allmächtige Gott, Jerusalem beschützen" (Jesaja 31,5).

„Er wird euch Mut und Kraft geben und euch vor allem Bösen bewahren" (2. Thessalonicher 3,3).

„Denn Gott hat seine Engel ausgesandt, damit sie dich schützen" (Psalm 91,11). Gott deckt uns mit einem Mantel der Liebe zu.

Würden Sie nicht dasselbe auch gerne für ihn tun? Was wäre, wenn Ihnen das Vorrecht der Maria zuteil würde? Was wäre, wenn Gott selbst Ihnen als nacktes Baby in den Arm gelegt würde? Würden Sie dann auch das tun, was Maria tat? „Sie wickelte das Kind in Windeln" (Lukas 2,7).

Das Baby Jesus, immer noch feucht so kurz nach der Geburt, war kalt und fror. Also tat seine Mutter, was jede Mutter tun würde; sie tat, was die Liebe tut: Sie bedeckte das Kind. Sie zog ihm etwas an.

Dreißig Jahre später tat ein anderer, der Jesus lieb hatte, dasselbe. Diesmal war der Körper Jesu aber nicht kalt wegen der Temperaturen, sondern durch den Tod. Josef von Arimathea hatte den Leichnam vom Kreuz abgenommen. Genau wie Maria das Kind nach der Geburt wusch, so bereitete Josef den Erlöser für das Grab vor.

Er wusch ihm das bespuckte Gesicht und wischte ihm das Blut aus dem Bart. „Joseph nahm den Toten, wickelte ihn in ein neues Leinentuch" (Matthäus 27,59).

Maria zog das Baby an. Josef wusch den Leichnam.

Würden Sie nicht gern die Gelegenheit wahrnehmen, dasselbe zu tun? Sie haben diese Gelegenheit. Jeden Tag bekommen Sie Gelegenheit dazu. Jesus hat gesagt:

Ich war nackt, ihr habt mir Kleidung gegeben. . . . Dann werden sie fragen . . . und wann bist du nackt gewesen und wir haben dir Kleider gebracht? [. . .]

Das will ich euch sagen. Was ihr für einen meiner geringsten Brüder getan habt, das habt ihr für mich getan!
Matthäus 25,36.38.40

Kennen Sie jemanden wie Magda, einen Menschen, der verletzt ist und Angst hat? Kennen Sie jemanden wie Adam und Eva, der sich schuldig gemacht hat und sich jetzt schämt? Kennen Sie einen Menschen, der den Mantel der Liebe ganz dringend braucht?

Haben Sie schon mal einen Teenager gehabt, der in Schwierigkeiten war? Haben Sie das Garagentor weit nach der vereinbarten Zeit gehört? Sie steigen aus dem Bett, gehen in die Küche und finden ihn dort. Sein Atem riecht nach Bier. Sein Gesicht ist vom Alkohol gerötet. Das hier ist ernst. Er hat getrunken und dann ist er noch Auto gefahren. Sie haben ein Problem und ich habe eine Frage. Was tun Sie jetzt mit Ihrem Sohn?

Werden Sie ihm jetzt eine Standpauke halten? Die hat er ganz bestimmt verdient. Werden Sie für drei Monate die Autoschlüssel einkassieren? Das wäre wahrscheinlich klug. Werden Sie ihm lebenslänglich geben ohne Aussicht auf Begnadigung? Das wäre verständlich angesichts der Sorgen, die Sie sich machen – aber vergessen Sie nicht, Ihr Kind mit dem Mantel der Liebe zu bedecken. An einem bestimmten Punkt in den kommenden Stunden wird er es unglaublich brauchen, Ihren Arm um seine Schultern zu spüren. Er hat es dringend nötig, ummantelt, bedeckt, eingehüllt zu sein mit Ihrer Liebe. Liebe ist immer auch beschützend.

Kennen Sie jemanden, der einen Mantel der Liebe braucht?

Haben Sie schon einmal mitbekommen, wie über eine Person, die Sie kannten, übel getratscht oder gelästert wurde? Haben Sie schon einmal erlebt, wie menschliche Schakale eine Freundin ausgeweidet haben, die in irgendeiner Form ins Straucheln geraten ist?

„Also ich habe gehört, dass . . .“

„Ach, ich habe gar nicht gewusst, dass sie . . .“

„Und stellt euch mal vor, was ich neulich über sie gehört habe . . .“

Und plötzlich sind Sie an der Reihe. Alle sind damit beschäftigt, Ihre Freundin zu demontieren. Was haben Sie dazu zu sagen?

Folgendes sagt die Liebe: Die Liebe sagt nichts. Sie schweigt dazu. „Die Liebe deckt viele Sünden zu“ (1. Petrus 4,8). Die Liebe stellt nicht bloß. Sie tratscht nicht. Wenn die Liebe etwas sagt, dann sagt sie etwas zur Verteidigung. Freundliche Worte. Schützende Worte.

Kennen Sie jemanden, der den Mantel der Liebe braucht?

Vor ein paar Wochen habe ich ihn meinen Töchtern angeboten. Der Wirbelwind der Pubertät, der unser Haus in regelmäßigen Abständen heimsucht, bringt manchmal mehr Zweifel, Pickel und Gruppendruck mit sich, als wir verkraften. Ich konnte die Mädchen nicht vor dem Sturm beschützen, aber ich konnte ihnen einen Anker bieten, der ihnen Halt gab. Am Valentinstag im Jahr 1997 habe ich Folgendes geschrieben und es für jede Tochter eingerahmt:

Ich habe ein besonderes Geschenk für dich. Mein Geschenk ist Wärme in der Nacht und sonnige Nachmittage, Gekicher und Spaß und glückliche Samstage.

Aber wie überreiche ich diese Geschenke? Gibt es einen Laden, in dem es Gelächter zu kaufen gibt? Einen Katalog, der Küsse im Angebot hat? Nein, einen solchen Schatz gibt es nicht zu kaufen. Doch er kann geschenkt werden. Und so gebe ich ihn dir.

Dein Geschenk zum Valentinstag ist ein Versprechen, das Versprechen, dass ich deine Mutter immer lieben werde. So wahr mir Gott helfe, werde ich sie nie verlassen. Du wirst niemals nach Hause kommen und ich bin nicht mehr da. Niemals wirst du aufwachen und feststellen, dass ich davongelaufen bin. Du wirst immer zwei Eltern haben. Ich werde deine Mutter lieben. Ich werde deine Mutter ehren. Ich werde deine Mutter wertschätzen. Das verspreche ich dir, und das ist mein Geschenk.

In Liebe
Papa

Kennen Sie jemanden, der Schutz brauchen könnte? Natürlich kennen Sie jemanden. Dann geben Sie ihn diesem Menschen.

Bezahlen Sie die Benzinrechnung für ein älteres Ehepaar, das finanziell nur mühsam über die Runden kommt.

Versprechen Sie Ihren Kindern, dass, so wahr Ihnen Gott helfe, Sie niemals hungrig oder ohne ein Dach über dem Kopf einschlafen müssen.

Sagen Sie Ihrem Mann, dass Sie ihn immer wieder heiraten würden und laden Sie ihn auf ein Flitterwochenende ein.

Achten Sie darauf, dass Sie Ihre geschiedenen Freunde weiterhin auf Ihre Partys einladen.

Und wenn Sie einen innerlich verletzten Menschen sehen, der vor Angst zittert, dann bieten Sie ihm Ihren Arztkittel an und überlassen ihm auch die Rose daran.

Genau das hat Dr. Wise nämlich getan. Und er beließ

es nicht dabei. Während Magda sich langsam erholte, besuchte er sie immer wieder. Sehr häufig. Als er erfuhr, dass sie verlobt war, hängte er das „Keine Besuche"-Schild an die Tür und ihr Verlobter hatte keinen Zutritt mehr. Magda widersprach nicht. In ihrem Tagebuch steht: „Ich hoffe, der gut aussehende junge Arzt kommt mich heute wieder besuchen." Er tat es an diesem Tag und noch an vielen anderen, jedes Mal mit einer Rose. Eine täglich, bis sie aus dem Krankenhaus entlassen wurde.

Und Magda hat das nie vergessen. Ihre Reaktion darauf? Sie gab ihm ebenfalls eine Rose. Am nächsten Tag wieder eine. Und am darauf folgenden Tag noch eine. Als sie dann miteinander befreundet waren, blieb die tägliche Rose immer noch nicht aus. Und auch als sie heirateten, hörte sie nicht auf, ihm täglich eine Rose zu schenken. Magda überredete die Betreiber des Golfplatzes gegenüber von ihrem Haus, Rosen zu pflanzen, damit sie dem Doktor jeden Tag eine geben konnte. Fast vierzig Jahre lang jeden Tag – eine Rose. Ihr jüngerer Sohn Harold sagt, dass er sich nicht an Zeiten erinnern kann, in denen nicht auf dem Kühlschrank eine Glasvase mit Rosen für seinen Vater stand.[3]

Ein Mantel der Liebe. Eine Rose der Dankbarkeit.

Wenn Sie die erste Rose bekommen haben, nehmen Sie sich die Zeit, die zweite zu verschenken.

Der Ring des Glaubens

Die Liebe . . . glaubt alles.
1. Korinther 13,4–7

Wenn Sie die Wahrheit sagen,
sind Sie ein Botschafter Gottes.
Wenn Sie das Geld verwalten,
das er Ihnen zur Verfügung stellt,
sind Sie sein Geschäftsführer.
Wenn Sie Vergebung zusprechen,
sind Sie sein Priester.
Wenn Sie die Heilung von Körper
oder Seele anregen, dann sind Sie sein Arzt.
Und wenn Sie beten, dann hört er Ihnen zu
wie ein Vater seinem Sohn zuhört.
Sie haben eine Stimme im Haushalt Gottes.
Er hat Ihnen seinen Ring gegeben.

Eigentlich war Skinner schon ein toter Mann." Mit diesen Worten beginnt Arthur Bressi seinen Bericht über den Tag, an dem er seinen besten Freund während des Zweiten Weltkrieges in einem japanischen Konzentrationslager findet. Die beiden waren alte Schulkameraden, waren gemeinsam in Mount Carmel in Pennsylvania aufgewachsen – hatten miteinander Ball gespielt, die Schule geschwänzt und zur selben Zeit die erste Freundin gehabt. Arthur und Skinner waren unzertrennlich. Es war deshalb durchaus nachvollziehbar, dass, als der eine in die Army eintrat, der andere es ebenso machte. Sie wurden auf demselben Truppentransporter auf die Philippinen befördert, wo sie dann allerdings getrennt wurden. Skinner war auf Bataan, als es 1942 von den Japanern besetzt wurde. Einen Monat später geriet Arthur Bressi in Gefangenschaft.

Durch die Gerüchteküche im Gefängnis erfuhr Arthur, was mit seinem Freund passiert war. Skinner war in einem Kriegsgefangenenlager ganz in der Nähe dem Tode nah. Arthur meldete sich daraufhin freiwillig zum Arbeitsdienst in der Hoffnung, dass er dabei vielleicht Zutritt zu dem anderen Lager bekommen würde. Und eines Tages war es dann auch wirklich so.

Arthur erbat sich fünf Minuten Zeit, um seinen Freund zu suchen und es wurde ihm gestattet. Er wusste, dass er den Teil des Lagers aufsuchen musste, wo die Kranken untergebracht waren. Es gab dort zwei Abteilungen – auf einer Seite waren die Männer, mit deren Genesung man rechnete, auf der anderen diejenigen, die man aufgegeben hatte, für die es keine Hoffnung mehr gab. Die Todgeweihten wohnten in Baracken, die als „Null-Station" bezeichnet wurden, und dort fand Arthur schließlich seinen Freund Skinner. Er rief seinen Namen und aus der Baracke kam der 35-Kilo-Schatten des Freundes, den er einst gekannt hatte.

Und er schreibt über diese Begebenheit:

*Ich stand am Stacheldrahtzaun des japanischen Kriegs-
gefangenenlagers auf Luzon und sah mit an, wie mein
Freund aus Kindheitstagen völlig verdreckt und schmerz-
gebeugt durch seine vielen Krankheiten auf mich zu
geschlurft kam. Er war tot; nur sein unbändiger Geist
hatte seinen Körper nicht verlassen. Ich wollte weg-
schauen, schaffte es aber nicht. Seine blauen Augen, die
glasig und trüb waren, sahen mich an und ließen nicht
los.*[1]

Malaria, Amöbenruhr, Pellagra, Skorbut, Beriberi, Skinners Körper war ein Hort von Tropenkrankheiten. Er
konnte weder essen noch trinken, ja eigentlich war er
schon fast gar nicht mehr da.

Arthur wusste nicht, was er tun oder sagen sollte.
Seine fünf Minuten Besuchszeit waren bereits fast zu
Ende, als er anfing, den großen Knoten in seinem Hals-
tuch zu öffnen, in dem er seinen High-School-Ring versteckt hatte. Obwohl er es riskierte dafür bestraft zu
werden, hatte er diesen Ring mit ins Lager geschmug-
gelt, denn er wusste, wie leicht man dort krank wurde
und dass es kaum ärztliche Versorgung gab. Er hatte
den Ring verwahrt, um sich damit, wenn nötig, Medika-
mente oder zusätzliche Nahrungsmittel zu besorgen.
Aber ein Blick auf Skinner genügte und er wusste, dass
er den Ring jetzt nicht mehr länger behalten konnte.

Als er sich von seinem Freund verabschiedete, schob
er den Ring durch den Zaun hindurch in Skinners ab-
gemagerte Hand und sagte, er solle damit „Geschäfte
machen". Skinner wollte den Ring nicht annehmen,
aber Arthur bestand darauf. Er drehte sich um und ging
fort, ohne zu wissen, ob er seinen Freund jemals lebend
wiedersehen würde.

Welche Art Liebe tut so etwas? Es ist eine Sache, einem gesunden Menschen ein Geschenk zu machen; es
ist eine Sache, mit einem Starken einen Schatz zu teilen, aber das Beste, das man besitzt, einem Schwachen

zu geben, einem Sterbenden den einzigen Schatz anzuvertrauen, der einem geblieben ist – das sagt schon etwas aus.

„Ich glaube an dich", erklärt diese Geste. „Verzweifle nicht, gib nicht auf, ich glaube an dich." Es ist nicht weiter verwunderlich, dass Paulus diese Aussage in seine Definition von Liebe aufnimmt. „Die Liebe glaubt alles" (1. Korinther 13,7).

Kennen Sie jemanden, der auf Skinners Seite des Zaunes steht? Wenn Ihr Kind in der Schule Probleme hat, dann können Sie diese Frage mit „Ja" beantworten. Wenn Ihr Mann mit Depressionen zu kämpfen hat oder Ihre Frau vom Leben enttäuscht worden ist, dann trifft das ebenso zu. Wenn Sie eine Freundin haben, die an Krebs erkrankt ist, wenn die Klasse einen Klassenkameraden verspottet, wenn Ihr Sohn es nicht in die Schulauswahl im Fußball schafft, wenn Sie jemanden kennen, der Angst hat oder gescheitert ist oder einfach schwach, dann kennen Sie damit auch jemanden, der so einen Ring des Glaubens braucht.

Und das Beste daran, Sie können ihm einen solchen Ring geben. Sie können durch Worte oder auch Taten das Leben dieses Menschen für immer verändern.

Arthur tat das jedenfalls. Wollen Sie wissen, wie es mit Skinner weiterging? Er nahm den Ring und versteckte ihn unter dem Fußboden der Baracke, in der er untergebracht war. Am nächsten Tag ging er das größte Risiko seines bisherigen Lebens ein. Er ging auf den „freundlichsten" der Wachposten zu und gab ihm durch den Zaun hindurch den Ring.

„*Takai?*", fragte der Wachposten. „Ist der wertvoll?"

Skinner versicherte dem Mann, dass dem so sei. Der Soldat lächelte, steckte den Ring in die Tasche und ging weg. Ein paar Tage später ging er an Skinner vorbei und ließ direkt neben seinen Füßen ein Päckchen zu Boden fallen. Es waren Sulfunamid-Tabletten darin. Ein paar Tage danach brachte er Zitronen gegen den Skorbut.

Dann folgte eine neue Hose und ein wenig Büchsen-
fleisch. Innerhalb von drei Wochen war Skinner wieder
auf den Beinen und weitere drei Monate später wurde er
auf die Lagerseite mit den genesenden Kriegsgefange-
nen verlegt. Bald schon war er in der Lage zu arbeiten.
So weit Skinner wusste, war er der einzige Amerikaner,
der jemals lebendig die „Null-Station" verlassen hatte.

Und alles wegen eines Rings. Alles, weil jemand an
ihn geglaubt hatte.

Ich weiß, was einige von Ihnen jetzt denken. Sie
schauen Arthur und Skinner an und wünschten, Ihre
eigene Situation wäre so einfach. Skinner war ein ster-
bender Mann, aber eben ein guter Mann und guter
Freund. Wie kann man an jemanden glauben, der das
nicht ist? Wie soll man an jemanden glauben, der einen
betrügt oder an einen Kollegen, der einen hintergeht?
Ignoriert die Liebe denn all diese Dinge einfach? Das
glaube ich nicht. Dieser Abschnitt ist kein Aufruf zur
Naivität und Blindheit, aber er ist ein Appell, anderen
das zu geben, was Gott uns geschenkt hat.

Skinner ist nämlich nicht der einzige Mensch, dem
man einen Ring geben kann. Sie haben auch einen solchen Ring am Finger, und er ist Ihnen von Ihrem himmlischen Vater selbst angesteckt worden. Jesus beschreibt das, als er die Geschichte vom verlorenen Sohn
erzählt.

Zu der Geschichte gehören ein reicher Vater und ein
eigenwilliger Sohn. Der Junge fordert frühzeitig sein
Erbteil und zieht nach Las Vegas, wo er das Geld mit
Glücksspiel und Frauen verjubelt. So schnell, wie man
„Roulette" sagen kann, ist er völlig pleite. Weil er zu stolz
ist, nach Hause zurückzugehen, sucht er sich einen Job
und endet als Stallbursche in einem Rennstall. Als er
sich dabei erwischt, wie er ein Pferdeleckerli probiert
und dabei auch noch denkt: *Hm, mit einer Prise Salz
schmeckt das gar nicht so übel*, merkt er, dass es reicht.
Es ist Zeit, wieder nach Hause zu gehen. Da geht es ja

dem Gärtner im Haus seines Vaters besser als ihm. Also macht er sich auf den Nachhauseweg und übt unterwegs schon mal seine Bußrede.

Aber der Vater hat andere Vorstellungen. „Der erkannte ihn schon von weitem." Der Vater hatte die ganze Zeit nach dem Sohn Ausschau gehalten und sich dabei regelmäßig den Nacken verrenkt, immer in der Hoffnung, der Sohn würde doch noch zurückkommen. Und als es dann wirklich geschah, sah der Vater die vertraute Gestalt. „Voller Mitleid lief er ihm entgegen, fiel ihm um den Hals und küsste ihn."

Mit einer solchen Reaktion haben wir nun wirklich nicht gerechnet. Wir erwarten über der Brust verschränkte Arme und eine finster gerunzelte Stirn, bestenfalls einen distanzierten Händedruck und dann eine gehörige Standpauke, aber all das kommt diesem Vater gar nicht in den Sinn. Stattdessen gibt es Geschenke.

„Holt den schönsten Anzug, den wir im Hause haben, und gebt ihn meinem Sohn. Bringt auch einen kostbaren Ring und Schuhe für ihn! Schlachtet das Kalb, das wir gemästet haben! Wir wollen feiern!" (Lukas 15, 11–23). Kleider, Schuhe und ein Kalb . . . und . . . haben Sie das gesehen? Einen Ring.

Bevor der Sohn auch nur die Gelegenheit hat, sich die Hände zu waschen, ist ihm schon ein Ring an den Finger gesteckt worden. Zur Zeit Christi war ein Ring mehr als ein hübsches Geschenk; es war ein Zeichen für übertragene Vollmachten. Der Träger des Rings konnte im Namen des Gebers sprechen. Ein Ring wurde benutzt, um ihn zur Beglaubigung eines Vertrags als Siegel in weiches Wachs zu drücken. Derjenige, der den Ring trug, hatte Vollmacht und tätigte Geschäfte im Namen dessen, der ihm den Ring gegeben hatte.

Hätten Sie das getan? Hätten Sie diesem verschwenderischen Sohn quasi notarielle Vollmacht übertragen? Hätten Sie ihm Ihre Kreditkarte anvertraut? Hätten Sie ihm diesen Ring gegeben?

Bevor Sie jetzt anfangen, die Weisheit des Vaters in Frage zu stellen, erinnern Sie sich bitte daran, dass in dieser Geschichte Sie der Sohn sind. Als Sie zu Gott nach Hause zurückkamen, wurde auch Ihnen die Vollmacht verliehen. Im Namen Ihres himmlischen Vaters wurden Sie zeichnungsberechtigt, bekamen sozusagen Prokura.

Wenn Sie die Wahrheit sagen, sind Sie ein Botschafter Gottes.

Wenn Sie das Geld verwalten, das er Ihnen zur Verfügung stellt, sind Sie sein Geschäftsführer.

Wenn Sie Vergebung zusprechen, sind Sie sein Priester.

Wenn Sie die Heilung von Körper oder Seele fördern, dann sind Sie sein Arzt.

Und wenn Sie beten, dann hört er Ihnen zu, wie ein Vater seinem Sohn zuhört.

Sie haben eine Stimme im Haushalt Gottes. Er hat Ihnen seinen Ring gegeben.

Das einzige, was noch bemerkenswerter ist, als die Tatsache, dass er Ihnen den Ring geschenkt hat, ist die Tatsache, dass er ihn Ihnen nicht wieder entzogen hat. Hat es nicht wirklich auch Zeiten gegeben, in denen er allen Grund dazu gehabt hätte?

Wenn Sie nur an Ihren eigenen Anliegen interessiert waren und die seinen völlig vergaßen. Wenn Sie logen und nicht die Wahrheit sagten. Wenn Sie seine Geschenke annahmen und nur zu Ihrem persönlichen Vorteil nutzten? Als Sie den Bus nach Las Vegas nahmen und feststellten, dass Sie sich in die Welt der Lichter, der Glücks im Spiel und der langen Nächte hatten verführen lassen. Hätte er Ihnen da nicht auch den Ring wieder abnehmen können? Auf jeden Fall. Aber hat er es auch getan? Haben Sie immer noch eine Bibel? Dürfen Sie immer noch beten? Haben Sie immer noch finanzielle Mittel, mit denen Sie arbeiten können oder eine Fähigkeit, die Sie nutzen können? Wenn ja, dann will er allem Anschein nach immer noch, dass Sie den Ring haben. Allem Anschein nach glaubt er immer noch an Sie!

Er hat Sie noch nicht aufgegeben. Er hat sich noch nicht abgewandt. Er ist noch nicht gegangen. Und ich frage mich, ob Sie etwas von diesem unerschütterlichen Glauben in Sie nehmen und an jemand anderen weitergeben können. Könnten Sie an jemanden glauben?

Glaube hat eine solche Kraft! Robert Schuller hat einmal gesagt: „Ich bin nicht der, der ich glaube zu sein. Ich bin der ich glaube, dass Sie glauben, dass ich bin"[2] (vielleicht sollten Sie das lieber zwei Mal lesen). Ob das nun richtig ist oder falsch, wir definieren uns selbst auf jeden Fall zu einem großen Teil über das, was andere über uns denken und wie sie uns sehen. Sagen Sie mir oft genug, dass ich dumm bin, und irgendwann glaube ich Ihnen das auch. Sagen Sie mir oft genug, dass ich klug bin, und vielleicht stimme ich Ihnen dann irgendwann zu.

Robert Rosenthal hat das in seiner berühmten Untersuchung gezeigt. Ein Grundschulrektor und er testeten zunächst eine Gruppe von Schülern. Anschließend erwähnten sie den Lehrern dieser Schüler gegenüber, dass einige der Kinder bei den Tests besonders gut abgeschnitten hätten. Die Lehrer wurden darüber informiert, dass fünf oder sechs der Schüler außergewöhnlich gute Lernfähigkeiten hätten.

Was die Lehrer allerdings nicht wussten war, dass die Namen der „außergewöhnlichen" Schüler völlig willkürlich herausgegriffen worden waren. Sie unterschieden sich in keiner Weise von den anderen. Weil die Lehrer aber an die Auskunft des Schulleiters glaubten, behandelten sie diese kleine Gruppe von angeblich besonders fähigen Schülern jedoch ganz anders. Am Ende des Schuljahres waren die Schüler, die von den Lehrern für klüger gehalten wurden, es tatsächlich! Sie wiesen bessere Leistungen auf als ihre Klassenkameraden und verbesserten sogar ihren IQ um 15 bis 27 Punkte. Die Lehrer beschrieben diese Schüler als glücklicher, neugieriger und offener als den Durchschnitt und sie gaben ihnen bessere Chancen, später im Leben erfolgreich zu sein. Und all das lag allein an der Einstellung der Lehrer! Die Lehrer hielten die Schüler für besonders fähig, und die Schüler entsprachen diesem Bild. Rosenthal schrieb dazu:

Die Erklärung für dieses Phänomen liegt wahrscheinlich in der unterschwelligen Interaktion zwischen Lehrern und Schülern; Tonfall, Gesichtsausdruck, Berührung und Haltung können Mittel sein, durch die – oft unbewusst – den Schülern die Erwartung des Lehrers vermittelt wird. Eine solche Kommunikationsweise kann einem Kind helfen, seine Selbstwahrnehmung zu verändern.[3]

Arthur hat Skinner damals sehr viel mehr als einen Ring gegeben; er hat ihm ein Urteil verkündet, das lautete: „So viel bist du mir wert! Dein Leben ist es wert, gerettet zu werden. Dein Leben ist lebenswert." Er glaubte an ihn und gab deshalb Skinner die Mittel und den Mut, sich selbst zu retten.

Sie und ich haben das Vorrecht, für andere das zu tun, was Arthur für Skinner getan hat und was Gott für uns tut. Aber wie können wir nun Menschen zeigen, dass wir an sie glauben?

Wir gehen zu ihnen hin. Nichts kann unser Erscheinen, unsere Anwesenheit ersetzen. Briefe sind nett. Anrufe sind auch etwas Schönes, aber persönlich zu kommen ist eine personifizierte Botschaft.

Nachdem Albert Einsteins Frau gestorben war, zog seine Schwester Maja zu ihm, um ihm den Haushalt zu führen. Vierzehn Jahre lang kümmerte sie sich um ihn und ermöglichte dadurch, dass er seine wertvolle Forschung fortsetzen konnte. Im Jahr 1950 erlitt sie dann einen Schlaganfall und fiel ins Koma. Danach saß Einstein jeden Nachmittag zwei Stunden bei ihr und las ihr laut aus den Werken von Plato vor.[4] Sie gab kein Lebenszeichen von sich und es war völlig unklar, ob sie ihn überhaupt wahrnahm, aber er las trotzdem vor. Wenn sie durch seine Geste irgendetwas verstand, dann dies: Er glaubte, dass sie diese Zeit wert war.

Glauben Sie an Ihre Kinder? Dann seien Sie da. Kommen Sie zu ihren Spielen und Wettkämpfen. Kommen Sie zu ihren Vorführungen. Vielleicht ist es nicht immer möglich, bei jeder einzelnen Veranstaltung dabei zu sein, aber es ist es bestimmt wert, es zu versuchen. Es gibt in meiner Gemeinde einen Ältesten, der mich durch seine Anwesenheit unterstützt. Immer wenn ich in unserer Gegend in einer anderen Gemeinde spreche, kommt er. Er tut gar nichts und sagt kaum etwas, sondern setzt sich einfach in eine Reihe und lächelt mich an, wenn wir Blickkontakt haben. Das bedeutet mir sehr viel. Ja, jetzt, wo ich das Manuskript zum letzten Mal lese, bevor es an den Verlag geht, sitzt er im Raum nebenan. Er hat die neunzigminütige Fahrt von zu Hause bis zu meinem Rückzugsort auf sich genommen, nur um jetzt bei mir zu sein und für mich zu beten. Glauben Sie an Ihre Freunde? Dann gehen Sie hin. Gehen Sie zu Abschlussfeiern und Hochzeiten. Verbringen Sie Zeit mit ihnen. Sie möchten in Ihren Mitmenschen das Beste wecken? Dann seien Sie für sie da.

Wir hören hin. Sie müssen gar nichts sagen, um jemandem Mut zu machen. In der Bibel steht: „Seid immer sofort bereit, jemandem zuzuhören; aber überlegt genau, bevor ihr selbst redet" (Jakobus 1,19). Wir neigen dazu, viel zu reden und wenig zuzuhören. Es gibt Zeiten, in denen geredet werden muss, aber auch solche, in denen Schweigen angesagt ist. So verhielt sich zum Beispiel mein Vater.

Einen Flugball fallen zu lassen, ist für die meisten Leute vielleicht keine große Sache, aber wenn man dreizehn ist und den Ehrgeiz hat, in der obersten Liga mitzumischen, dann ist es das sehr wohl. Es war außerdem nicht nur mein zweiter Fehler in diesem Spiel, sondern auch der Fehler, der der gegnerischen Mannschaft zum Sieg verhalf.

Ich ging nicht einmal zurück zum Schlagmal, sondern drehte mich mitten auf dem Feld um, kletterte über den Zaun und war schon halb zu Hause, als mein Vater mich schließlich fand. Er sagte kein Wort. Fuhr nur an den Straßenrand, beugte sich über den Beifahrersitz und machte die Beifahrertür auf. Wir redeten nicht. Das war auch gar nicht nötig. Wir wussten beide, dass dies das Ende der Welt war. Als wir zu Hause ankamen, ging ich direkt auf mein Zimmer und er in die Küche. Dann stand er plötzlich mit einem Glas Milch und Keksen vor mir. Er setzte sich aufs Bett und wir brachen das Brot zusammen. Irgendwann beim Eintauchen der Kekse in die Milch wurde mir langsam klar, dass mein Vater mich auch weiterhin lieben würde.

In den unausgesprochenen Regeln, denen männliche pubertierende Teenager folgen, steht, dass man, wenn man den Typen, der den Ball fallen gelassen hat, liebt, ihn wirklich liebt. Mein Können als Baseballspieler verbesserte sich nicht, aber mein Vertrauen in die Liebe meines Vaters sehr wohl. Mein Vater sagte kein Wort, aber er war da. Er hörte zu. Um das Beste in anderen hervorzubringen, sollten Sie dasselbe tun und zwar dann, wenn es angemessen ist.

Sagen Sie etwas. Der amerikanische Schriftsteller Nathaniel Hawthorne kam völlig verstört und fertig nach Hause. Er war gerade von seiner Stelle am Zollamt gefeuert worden. Seine Frau reagierte nicht ängstlich, sondern überraschte ihn mit den freudigen Worten: „Dann kannst du ja jetzt endlich dein Buch schreiben!"

Er selbst war da nicht so optimistisch. „Und wovon sollen wir leben, während ich es schreibe?"

Zu seinem Erstaunen zog sie eine Schublade auf und

offenbarte einen Packen Geldscheine, den sie von ihrem Haushaltsgeld abgeknapst hatte.

„Ich habe immer gewusst, dass du ein Genie bist", sagte sie zu ihm. „Ich wusste schon immer, dass du ein Meisterwerk schreiben wirst."

Sie glaubte an ihren Mann, und weil sie das tat, schrieb er. Und weil er schrieb, ist heute in jeder amerikanischen Bibliothek mindestens ein Exemplar des Romans *Der scharlachrote Buchstabe* von Nathaniel Hawthorne zu finden.[5]

Haben Sie die Macht, das Leben eines Menschen einfach durch das zu verändern, was Sie sagen? „Worte haben Macht: Sie können über Leben und Tod entscheiden" (Sprüche 18,21). Deswegen drängt Paulus uns auch aufzupassen, was wir sagen. „Redet auch nicht schlecht voneinander. Was ihr sagt, soll für jeden gut und hilfreich sein, eine Wohltat für alle" (Epheser 4,29).

Ich habe Ihnen in diesem Buch an einer anderen Stelle bereits einen Liebestest vorgestellt. Es gibt aber auch noch eine weitere Prüfung und zwar für die Zunge. Bevor Sie sprechen, sollten Sie sich stets fragen: „Führt das, was ich sagen will dazu, dass der andere dadurch stärker wird?" Sie haben die Fähigkeit, durch das, was Sie sagen, andere stärker zu machen. Ihre Worte sind für die Seele des anderen so etwas wie Vitamine für den Körper. Wenn Sie etwas zu essen hätten und da wäre jemand, der hungert, würden Sie dann nicht mit ihm teilen? Wenn Sie Wasser hätten und sähen, dass da jemand wäre, der am Verdursten ist, würden Sie ihm dann nichts abgeben? Natürlich würden Sie das tun. Würden Sie dann nicht auch dasselbe für seinen inneren Zustand tun? Ihre Worte sind Wasser und Nahrung! Enthalten Sie den Mutlosen nicht Ermutigung vor. Enthalten Sie denen, die niedergeschlagen sind, nicht Bestätigung vor. Sagen Sie Worte, die andere stärken. Glauben Sie an diese Menschen so, wie Gott an Sie glaubt.

Vielleicht retten Sie dadurch jemandem das Leben.

Arthur hat das getan. Sein Freund Skinner überlebte, und beide Männer kehrten nach Hause nach Mount Carmel zurück. Eines Tages, kurz nach ihrer Rückkehr, kam Skinner Arthur besuchen. Er hatte ein Geschenk dabei. Eine kleine Schachtel. Arthur wusste sofort, was es war: eine exakte Kopie des Ringes. Nach einem lahmen Versuch zu scherzen: „Verlier ihn nicht; er hat mich 18 Dollar gekostet", lächelte er seinen Freund an und sagte: „Dieser Ring, Artie . . . hat mir das Leben gerettet."[6]

Möge irgendjemand das auch zu Ihnen sagen.

Mögen Sie dasselbe auch zu Gott sagen.

Wenn Ihre Hoffnung schwindet

Die Liebe . . . hofft alles.
1. Korinther 13,7

Hoffnung ist ein Blatt vom Olivenbaum –
Indiz für trockenes Land nach einer Flut.
Beweis für den Träumer,
dass Träumen das Risiko lohnt.

Wasser. Noah sieht nichts als Wasser. Die Abendsonne versinkt darin. Die Wolken spiegeln sich darin. Sein Schiff ist davon umgeben. Wasser. Wasser im Norden. Wasser im Süden. Wasser im Osten. Wasser im Westen. Wasser.

Alles, was Noah sieht, ist Wasser.

Er kann sich gar nicht mehr erinnern, wann er etwas anderes gesehen hat. Er und seine Söhne hatten kaum das letzte Nilpferd die Rampe hinauf an Bord gehievt, da hatte sich der Himmel bereits geöffnet und es hatte geregnet als wären Tausende von Hydranten auf einen Schlag geöffnet worden. Innerhalb von Augenblicken hatte das Boot geschaukelt und dann hatte es tage- und wochenlang geregnet und Noah hatte sich gefragt: *Wie lange wird das wohl dauern?* Es regnete vierzig Tage lang. Monatelang trieben sie auf dem Wasser. Monatelang aßen sie dasselbe, hatten denselben Geruch in der Nase und sahen immer dieselben Gesichter. Und nach einer Weile geht einem in einer solchen Situation auch der Gesprächsstoff aus. Man hat einfach keine Ideen mehr, worüber man sich noch unterhalten soll.

Schließlich stieß das Boot irgendwo an und das Schaukeln hörte auf. Frau Noah warf Herrn Noah einen Blick zu und Noah stieß die Luke auf und steckte seinen Kopf hinaus. Der Rumpf der Arche lag auf Grund, aber der Grund war immer noch von Wasser umgeben.

„Noah", schrie sie zu ihm hinauf, „was siehst du denn?"

„Wasser."

Zunächst schickte er einen Raben auf Erkundungsflug, aber den sah er nie wieder. Dann ließ er eine Taube fliegen, die zitternd und erschöpft zurückkam, weil sie nirgends einen Platz zum Ausruhen gefunden hatte. Und dann hat er es noch einmal versucht. Er holte eine weitere Taube aus dem Rumpf der Arche und stieg wieder die Leiter zur Luke hinauf. Die Morgensonne blendete beide, sodass sie blinzeln mussten. Als er den Vogel auf die Brust küsste, spürte er dessen pochendes Herz. Hätte er seine Hand auf die eigene Brust gelegt, er hätte ebenfalls Herzklopfen gespürt. Mit einem Gebet ließ er den Vogel fliegen und sah ihm so lange hinterher, bis er in der Ferne von ihm nur noch einen winzigen Punkt erkennen konnte.

Den ganzen Tag lang wartete er auf die Rückkehr der Taube. Zwischen den Alltagspflichten öffnete er immer wieder die Luke und suchte den Himmel ab. Die Söhne wollten mit ihm ein bisschen Karten spielen, aber er winkte dankend ab. Stattdessen kletterte er in den Ausguck und schaute in die Ferne. Der Wind zerzauste ihm sein graues Haar, die Sonne wärmte sein wettergegerbtes Gesicht, aber nichts erleichterte sein schweres Herz. Er hatte nichts gesehen. Nicht am Morgen, mittags nicht und später auch nicht.

Als die Sonne bereits wieder unterging und der Himmel dunkel wurde, kam er noch einmal an Deck, um ein letztes Mal Ausschau zu halten, aber er sah auch dann nichts als Wasser. Wasser im Norden. Wasser im Süden. Wasser im Osten. Wasser im . . .

Sie kennen dieses Gefühl. Sie sind auch schon an dem Punkt gewesen, an dem Noah jetzt steht. Sie haben Ihre ganz eigenen Sintfluten erlebt, und das nicht zu knapp. Überflutet von Kummer auf dem Friedhof, Stress im Büro, Wut auf Ihre körperlichen Einschränkungen oder die Unfähigkeit Ihres Ehepartners. Sie haben erlebt, wie die Flut weiterstieg, und wahrscheinlich haben Sie auch erlebt, dass die Sonne über Ihren Hoffnungen untergegangen ist. Ja, Sie sind schon auf Noahs Schiff gewesen.

Und Sie haben genau das gebraucht, was Noah brauchte; Sie haben Hoffnung gebraucht. Sie bitten ja gar nicht darum, von einem Hubschrauber gerettet zu werden, aber es wäre ganz nett, wenigstens einen zu hören. Hoffnung verspricht keine sofortige Lösung, sondern vielmehr die Chance auf eine Lösung – irgendwann. Manchmal ist alles, was wir brauchen, ein wenig Hoffnung.

Das war auch alles, was Noah brauchte. Und das war auch alles, was er bekam.

Der alte Seemann schaut in die untergehende Sonne, die vom Horizont halbiert wird. Man könnte sich kaum ein schöneres Bild vorstellen. Aber er hätte dieses und noch hundert weitere hergegeben für einen Flecken trockenen Bodens und einen Weinberg. Frau Noahs Stimme erinnert ihn daran, dass das Essen auf dem Tisch steht und er endlich die Luke schließen soll, und er will gerade Feierabend machen, als er das Gurren einer Taube hört. Und so beschreibt die Bibel diesen Augenblick: „Sie kam gegen Abend zurück, mit dem frischen Blatt eines Ölbaums im Schnabel" (1. Mose 8,11).

Ein Olivenblatt. Noah wäre schon froh gewesen, wenn die Taube einfach so zurückgekommen wäre. Aber nun noch das Blatt! Das Blatt war mehr als nur Laub. Es war eine Verheißung. Der Vogel brachte mehr mit als ein Stück von einem Baum; er brachte Hoffnung mit. Denn ist das nicht Hoffnung? Hoffnung ist ein Blatt vom Olivenbaum – Beweis für trockenes Land nach der Flut. Beweis für den Träumer, dass Träumen ein Risiko wert ist.

Lieben wir nicht den Olivenzweig des Lebens?

„Es sieht ganz so aus, als ob der Krebs besiegt ist. Wir haben keine Krebszellen mehr gefunden."

„Ich kann dir finanziell unter die Arme greifen."

„Das stehen wir gemeinsam durch."

Und was vielleicht noch wichtiger ist, lieben wir die Tauben, die den Zweig bringen, nicht sehr? Wenn der Vater zusammen mit seinem Sohn dessen ersten Liebeskummer erlebt und durchsteht, dann gibt er ihm damit einen Olivenzweig. Wenn eine erfahrene Ehefrau die frisch verheiratete Frau tröstet, als diese ihr von ihren Eheproblemen erzählt und findet, dass alle Ehemänner

launisch sind, dann gibt sie ihr damit einen Olivenzweig.

Wir lieben Olivenzweige. Und wir lieben diejenigen,
die sie überbringen.

Vielleicht ist das auch der Grund, weshalb so viele
Menschen Jesus liebten.

Er steht ganz nah bei der Frau, die aus dem Bett der
Promiskuität gezerrt worden und von diesem Überfall
immer noch völlig durcheinander ist. Eine Tür wurde
aufgerissen, Decken zurückgeschlagen und die Bruder-
schaft der moralischen Polizei brach über sie herein.
Und jetzt steht sie da.

Noah sah nichts als Wasser. Sie sieht nichts als Zorn.
Sie hat keine Hoffnung.

Aber dann spricht Jesus: „Nun, dann steinigt sie!
Aber den ersten Stein soll der werfen, der selbst noch
nie gesündigt hat!" (Johannes 8,7).

Schweigen.

Die Steine und die Blicke der Ankläger treffen gleich-
zeitig auf dem Boden auf. Innerhalb von Augenblicken
sind alle weg und Jesus ist jetzt mit der Frau allein. Die
Taube des Himmels bietet ihr ihren Zweig an:

*„Wo sind jetzt deine Ankläger? Hat dich denn keiner ver-
urteilt?"*

„Nein, Herr", antwortete sie.

*„Dann will ich dich auch nicht verurteilen", entgegnete
ihr Jesus. „Geh, aber sündige nicht noch einmal!"*

(Verse 10–11)

Er bringt einen Zweig der Hoffnung in ihre Welt der Beschämung.

Etwas Ähnliches tut er für Martha. Sie schaukelt in
einem Meer des Kummers und der Trauer auf und ab.
Ihr Bruder ist tot. Sein Leichnam ist bestattet worden.
Und Jesus, nun, Jesus kommt zu spät.

„Herr, wärst du hier gewesen, würde mein Bruder

noch leben", sagt sie. Und ich stelle mir vor, dass sie dann ein Weilchen geschwiegen und dann gesagt hat: „Aber auch jetzt weiß ich, dass Gott dir alles geben wird, worum du ihn bittest" (Johannes 11,21–22). So wie Noah die Luke öffnete, so öffnet Martha ihr Herz. So wie die Taube einen Zweig bringt, bringt Jesus dasselbe:

„Ich bin die Auferstehung, und ich bin das Leben. Wer an mich glaubt, der wird leben, selbst wenn er stirbt. Und wer lebt und an mich glaubt, wird niemals sterben. Glaubst du das?"

„Ja, Herr", antwortete ihm Martha. „Ich glaube, dass du Christus bist, der Sohn Gottes, auf den wir so lange gewartet haben." Johannes 11,25–27

Wie konnte er mit solchen Worten davonkommen? Wer war er denn, dass er eine derartige Behauptung aufstellen konnte? Was qualifizierte ihn denn, einer Frau Gnade anzubieten und einer anderen das Versprechen der Auferstehung? Ganz einfach. Er hatte getan, was die Taube tat. Er hatte das Ufer der Zukunft betreten und war zwischen den Bäumen herumgelaufen. Im Hain der Gnade hat er für die Frau einen Zweig gepflückt. Und vom Baum des Lebens einen für Martha.

Von diesen beiden bringt er auch Ihnen Zweige. Gnade und Leben. Vergebung der Sünden. Sieg über den Tod. Das ist die Hoffnung, die er schenkt, und genau das ist die Hoffnung, die wir brauchen.

In seinem Buch *The Grand Essentials* (Die wesentlichen Dinge) erzählt Ben Patterson von einem so genannten S-4 U-Boot, das an der Küste von Massachusetts gesunken war. Die gesamte Besatzung war eingeschlossen. Es wurde alles getan, um die Seeleute zu retten, aber alle Bemühungen blieben erfolglos. Gegen Ende der Katastrophe hörte ein Tiefseetaucher an der Stahlwand des gesunkenen U-Bootes Klopfzeichen.

Als er seinen Helm gegen den Rumpf des U-Bootes drückte, wurde ihm klar, dass er einen der Matrosen in Morsezeichen die Frage: „Gibt es noch Hoffnung?", klopfen hörte.[1]

Zu den Schuldigen, die diese Frage stellen, sagt Jesus: „Ja!"

Zu den Todgeweihten, die diese Frage stellen, sagt Jesus: „Ja!"

Allen Noahs, die den Horizont nach einem Hoffnungsschimmer absuchen, verkündet er: „Ja." Und er kommt. Er kommt als eine Taube. Er kommt und bringt etwas aus dem fernen Land, unserer zukünftigen Heimat, mit. Er kommt mit einem Zweig der Hoffnung.

Haben Sie Ihren schon bekommen? Glauben Sie bloß nicht, dass Ihre Arche zu abgeschieden ist. Glauben Sie nicht, dass Ihre Flut zu groß ist. Ihre schwerste Herausforderung ist für Gott nicht mehr als *Haarklammern und Haargummis.*

Meine ältere Schwester gab mir immer Haarklammern und Haargummis, als ich noch ein Kind war. Ich fuhr vor unserem Haus mit meinem Dreirad den Bürgersteig auf und ab und tat so, als wären die Haarklammern Schlüssel und mein Dreirad ein Lastwagen. Aber eines Tages verlor ich „die Schlüssel". Krise! Was sollte ich tun? Meine Suche brachte nichts als Tränen und Angst. Aber als ich meiner Schwester meinen Fehler gestand, da lächelte sie nur. Weil sie zehn Jahre älter war als ich, hatte sie einfach den besseren Überblick. Und dasselbe gilt auch für Gott. Er hat auch eine andere, viel umfassendere und bessere Sicht der Dinge und damit den besseren Überblick. Bei allem gebotenen Respekt sind aus seiner Sicht unsere ernstesten Kämpfe nichts Schlimmeres als Haarklammern und Haargummis. Er ist nicht verwirrt oder entmutigt.

Nehmen Sie seine Hoffnung an, ja? Nehmen Sie sie,

weil Sie sie brauchen. Nehmen Sie sie, damit Sie sie weitergeben können.

Was glauben Sie, was Noah mit seiner Hoffnung tat? Was glauben Sie, tat er mit dem Zweig? Warf er ihn über Bord und vergaß ihn? Glauben Sie, er steckte ihn in die Tasche und bewahrte ihn für sein Tagebuch auf? Oder glauben Sie, er stieß einen überraschten Laut aus und versammelte die Truppen und reichte ihn herum wie den Hope Diamanten – denn so etwas Ähnliches war er ja auch.

Ganz sicher stieß er einen überraschten Laut aus. Das macht man so, wenn man plötzlich wieder Hoffnung hat. Aber was macht man mit einem Olivenzweig? Man reicht ihn herum. Man steckt ihn nicht in die Tasche, sondern man gibt ihn an die Menschen weiter, die man liebt. Liebe hofft immer: „Diese Liebe erträgt alles, sie glaubt alles, sie *hofft* alles und hält allem stand" (1. Korinther 13,4–7, Hervorhebung des Verfassers).

Die Liebe setzt Hoffnung in Sie.

Der aufstrebende junge Autor brauchte dringend Hoffnung. Schon mehr als eine Person hatte ihm gesagt, er solle es doch lieber lassen.

„Es ist unmöglich, einen Verlag zu finden", sagte einer seiner Mentoren.

„Wenn man nicht wenigstens auf nationaler Ebene einen gewissen Bekanntheitsgrad hat, dann reden Verleger gar nicht erst mit einem", sagte ein anderer.

Wieder ein anderer warnte: „Schreiben ist einfach zu langwierig und du willst doch nicht allen Ernstes all deine Gedanken zu Papier bringen, oder?"

Anfänglich hörte er ihnen noch zu. Er stimmte ihnen zu, dass Schreiben reine Zeit- und Kraftverschwendung sei und wandte sich anderen Projekten zu. Aber irgendwie waren Papier und Stift wie eine Droge für diesen *Wortoholiker*. Er wollte einfach lieber schreiben als lesen. Also schrieb er. Wie viele Nächte verbrachte er auf der Couch in einer Ecke der Wohnung und verschob Verben und Nomen zu immer neuen Konstellationen. Und wie viele Stunden leistete seine Frau ihm dabei Gesellschaft! Er schmiedete Worte. Sie stickte Kreuzstichbilder. Schließlich war ein Manuskript fertig. Roh und voller Fehler, aber fertiggestellt.

Sie stupste ihn an. „Schick es ab. Was hast du denn schon zu verlieren?"

Also brachte er es auf den Weg, schickte es an fünfzehn verschiedene Verlage. Während er und seine Frau warteten, schrieb er weiter. Er schrieb und sie stickte. Keiner von ihnen hatte große Erwartungen, aber große Hoffnung hatten sie beide. Antwortschreiben trudelten ein und füllten den Briefkasten: „Es tut uns Leid, aber wir nehmen leider keine unangeforderten Manuskripte an."

„Wir schicken Ihnen das Manuskript zu unserer Entlastung zurück und wünschen Ihnen alles Gute für die Zukunft."

„Leider haben wir keine Kapazitäten für Erstlingswerke."

Ich habe all diese Briefe bis heute aufbewahrt. Irgendwo stecken Sie in einem Ordner und es würde sicher eine Weile dauern, sie zu finden. Denalyns Kreuzsticharbeiten zu finden, dauert dagegen gar nicht lange. Wenn ich sie sehen möchte, brauche ich nur aufzublicken und zur Wand zu schauen. Sie hängen gerahmt an der Wand meines Arbeitszimmers. Beim fünfzehnten Ablehnungsschreiben hatte sie gerade eines fertig. Ein Verleger hatte Ja gesagt, und auch dieser Brief hängt gerahmt an der Wand. Welches der beiden Schmuckstücke wohl bedeutungsvoller ist. Das Geschenk meiner Frau oder der Brief des Verlegers? Natürlich das Geschenk, denn indem Denalyn mir dieses Geschenk machte, gab sie mir neue Hoffnung.

Genau das tut die Liebe. Liebe überreicht dem geliebten Menschen einen Zweig vom Olivenbaum und sagt: „Ich setze Hoffnung in dich."

Liebe ist genauso schnell bereit zu sagen: „Ich hoffe *für* dich."

Sie können diese Worte sagen. Sie sind ein Überlebender der Flut. Durch die Gnade Gottes haben Sie Ihren Weg aufs Trockene gefunden. Sie wissen, wie es sich anfühlt, wenn das Wasser sinkt. Und weil das so ist, weil Sie eine Flut überlebt haben und jetzt davon erzählen können, sind Sie qualifiziert, auch anderen Hoffnung zu machen.

Was? Sie können sich nicht an Fluten in Ihrer Vergangenheit erinnern? Dann lassen Sie mich Ihre Erinnerung ein bisschen auffrischen. Wie war es in Ihrer Pubertät? Erinnern Sie sich noch an den inneren Tumult der Teenagerzeit? Erinnern Sie sich noch an die Hormone und die Kämpfe um die Rocklänge? An Pubertät und Pickel? Das waren schwere Zeiten. *Ja*, denken Sie jetzt vielleicht, *aber ich habe das bewältigt*. Und genau das müssen Teenager von Ihnen hören. Sie brauchen ein Olivenblatt von einem oder einer, der/die es überlebt hat.

Dasselbe gilt für junge Ehepaare. Es passiert in jeder Ehe. Die Flitterwochen sind vorbei, aus Romantik wird Realität und das frisch gebackene Ehepaar fragt sich, ob es das alles überstehen wird. Sie können ihnen sagen, dass sie es schaffen werden. Sie haben das selbst auch durchgemacht. Es war nicht leicht, aber Sie haben es überstanden. Sie und Ihr Ehepartner haben trockenes Land gefunden. Wieso pflücken Sie nicht ein Olivenblatt und bringen es zu einer Arche?

Haben Sie eine Krebserkrankung überlebt? Jemand in einer Klinik auf einer Krebsstation sollte von Ihnen hören. Haben Sie Ihren Ehepartner begraben müssen und können jetzt trotzdem wieder lächeln? Dann finden Sie jemanden, der kürzlich dasselbe erlebt hat und sprechen Sie mit diesem Menschen. Ihre Erfahrungen ziehen automatisch eine Versetzung in die Taubenbrigade nach sich. Sie haben die Chance – ja eigentlich die Pflicht –, denen Hoffnung zu machen, die noch in der Arche festsitzen.

Erinnern Sie sich noch an Paulus' Ermahnung?

Gepriesen sei Gott, der Vater unseres Herrn Jesus Christus, der Vater voller Barmherzigkeit, der Gott, der uns in jeder Not tröstet!

In allen Schwierigkeiten ermutigt er uns und steht uns bei, sodass wir auch andere trösten können, die wegen ihres Glaubens zu leiden haben. Wir trösten sie, wie Gott auch uns getröstet hat. 2. Korinther 1,3–4

Ermutigen Sie diejenigen, die sich abmühen. Sie wissen nicht, was Sie sagen sollen? Dann schlagen Sie die Bibel auf. Der Olivenzweig für Christen ist ein Bibelvers: „Und aus dem, was in der Heiligen Schrift vorausgesagt wurde, sollen wir lernen. Ermutigt und getröstet durch Gottes Wort, können wir an der Hoffnung auf Gottes kommendes Reich festhalten" (Römer 15,4).

Haben Sie eine Bibel? Kennen Sie eine(n) Noah? Dann fangen Sie an, Zweige zu verteilen.

Denen, die trauern: „Denn Gott hat uns versprochen: ,Niemals werde ich euch verlassen. Ich werde für euch sorgen, dass es euch an nichts fehlt!'" (Hebräer 13,5).

Denen, die unter ihrer Schuld leiden: „Wer nun zu Jesus Christus gehört, wird der Verurteilung durch Gott entgehen; er wird leben" (Römer 8,1).

Denen ohne Arbeit: „Wer Gott liebt, dem dient alles, aber auch wirklich alles zu seinem Heil" (Römer 8,28).

Denjenigen, die glauben, aus der Gnade Gottes gefallen zu sein: „Jeder, der an ihn glaubt, wird nicht verloren gehen, sondern das ewige Leben haben" (Johannes 3,16).

Ihre Bibel ist ein ganzer Korb voller Olivenzweige. Wollen Sie nicht wenigstens einen davon weitergeben?

Diese Zweige haben eine erstaunliche Wirkung. Nachdem Noah seinen bekommen hatte, war er völlig verwandelt. „Da wusste Noah, dass das Wasser fast versickert war" (1. Mose 8,11). Er stieg die Leiter hinauf mit einer Frage und als er wieder herunterkam, war er voller Zuversicht.

Was doch ein kleiner Zweig bewirken kann!

Er hätte auch aufgeben können

Die Liebe . . . erträgt alles.
1. Korinther 13,4–7

Bei jedem Schritt auf dem Weg
hätte er aufgeben können . . .
Als er den Lehmfußboden seines Hauses
in Nazareth sah.
Als Josef ihm Pflichten auftrug.
Als seine Mitschüler einschliefen während der
Lesung aus der Tora – seiner Tora.
Als der Nachbar seinen Namen lästerte.
Als der Nachbar die Schuld an seiner
schlechten Ernte Gott gab.
An jedem Punkt hätte Jesus sagen können:
„Das war's! Es reicht! Ich gehe nach Hause."
Aber das tat er nicht.
Und er tat es nicht, weil er die Liebe ist.

Er hätte aufgeben können. Niemand hätte es je erfahren. Jesus hätte aufgeben können.

Ein Blick auf den Leib hätte ihn entmutigen können. Gott ist unbegrenzt wie die Luft und grenzenlos wie der Himmel. Sollte er seine Welt für neun Monate auf den Leib eines sechzehnjährigen Mädchens beschränken?

Und das neun Monate lang? Es gibt noch einen Grund, um aufzugeben und auszusteigen. Im Himmel gibt es keine Monate. Im Himmel gibt es keine Zeit. Oder vielleicht besser ausgedrückt, der Himmel hat alle nur erdenkliche Zeit. Wir sind es, denen sie ausgeht. Unsere vergeht so schnell, dass wir sie in Sekunden messen. Wäre Jesus Christus nicht vielleicht doch lieber außerhalb unserer Dimension der Zeit geblieben?

Das hätte er haben können. Er hätte aufgeben können. Wenn nicht, so hätte er wenigstens aufhören können. Musste er denn wirklich *Fleisch* werden? Wie wäre es denn mit Licht gewesen? Hier ist eine Idee. Der Himmel hätte sich auftun und Christus hätte in Form eines weißen Lichtes auf die Erde fallen können. Und dann hätte in diesem Licht eine Stimme sein können, eine durchdringende, donnernde, markerschütternde Stimme in einem Windstoß mit den Engeln als Backgroundchor und die ganze Welt hätte es bemerkt!

Aber so wie es war, bemerkte es kaum jemand, als er wirklich kam. In Bethlehem wurde keine Parade abgehalten. Das Dorf veranstaltete kein Bankett. Man sollte doch eigentlich meinen, dass ein Feiertag angemessen gewesen wäre. Wenigstens ein bisschen Feuerwerk beim Stall.

Und dann dieser unsägliche Stall. Hätte dieser für Jesus nicht ein weiterer Grund sein können, sich zu entziehen? Ställe stinken und sind schmutzig. Ställe haben keinen Linoleumboden und keine Sauerstoffflaschen. Wie sollen Sie denn da die Nabelschnur durchtrennen? Josef? Ein kleiner Zimmermann aus einem Dorf mit nur einem Kamel. Gibt es für Gott denn nichts Besseres? Jemanden mit einer Ausbildung, einem etwas erlauchteren Stammbaum? Jemanden mit etwas mehr Schlag? Dieser Typ schafft es ja noch nicht einmal, sich ein Hotelzimmer zu besorgen. Glauben Sie, der hat das, was man braucht, um Vater des Herrn des Universums zu sein?

Jesus hätte aufgeben können. Stellen Sie sich die Umstellung vor, die er auf sich nehmen musste, die Entfernung, die er zu bewältigen hatte. Wie würde es sein, Mensch zu werden?

Diese Frage stieg kürzlich in mir auf, als ich beim Golfspielen war. Während ich darauf wartete, einlochen zu können, bückte ich mich, um meinen Ball zu säubern und bemerkte daneben einen Ameisenhaufen. Es müssen wohl Dutzende gewesen sein, alle krabbelten sie über- und untereinander. Eine bewegte Pyramide, mindestens drei Zentimeter hoch.

Ich weiß nicht, was Sie denken, wenn Sie Ameisen auf einem Grün sehen, während Sie darauf warten einzulochen. Aber ich für meinen Teil dachte Folgendes: *Wieso seid ihr da eigentlich alle so auf einem Haufen? Ihr habt doch das gesamte Grün zur Verfügung. Ihr habt doch den ganzen Golfplatz zur Verfügung, um euch darauf auszubreiten* Und dann wurde es mir klar. Diese Ameisen waren nervös. Und wer konnte es ihnen verübeln? Sie lebten unter einer Art permanentem Meteoritenregen. Alle paar Minuten krachten kleine harte Kugeln in ihre kleine Welt. Rums! Rums! Rums! Und genau in dem Augenblick, wenn der Hagel endlich aufgehört hat, kommen die Hammer schwingenden Riesen angelaufen. Wenn man ihre Füße und Stöcke überlebt, dann lassen sie eine dieser harten Kugeln über einen weg rollen. Ein Grün auf dem Golfplatz ist jedenfalls kein guter Platz für eine Ameise.

Also habe ich versucht, ihnen zu helfen. Ich beugte mich zu ihnen hinunter, damit sie mich hören konnten und sagte einladend: „Los, folgt mir, wir finden ein bisschen abseits vom Spielfeld bestimmt einen sicheren Ort für euch. Ich kenne mich hier aus."

Keine von ihnen schaute auch nur in meine Richtung.

„Hey, ihr Ameisen!"

Immer noch keine Antwort. Dann wurde mir klar, *ich spreche ihre Sprache nicht.* Ich spreche nicht Ameisisch.

Was sollte ich also tun, um sie zu erreichen? Es gab nur eins. Ich musste selbst eine Ameise werden. Von 1,85 Metern schrumpfen auf winzig klein, von 90 Kilo auf weniger als ein Gramm. Meine große Welt gegen ihre winzige eintauschen, meine Burger aufgeben und Gras fressen wie sie.

„Nein Danke", sagte ich dazu. Und außerdem war ich gerade mit Putten an der Reihe.

Liebe geht den langen Weg . . . und Christus hat die Reise aus der grenzenlosen Ewigkeit angetreten, hat die Begrenzung durch Zeit und Raum auf sich genommen, um einer von uns zu werden. Das hätte er nicht tun brauchen. Er hätte es lassen oder aufgeben können. Bei jedem Schritt auf dem Weg hätte er aufhören können.

Als er beispielsweise sah, wie wenig Platz ein Mutterleib bot, hätte er auch ohne weiteres einen Rückzieher machen können.

Als er sah, wie winzig seine Hand sein würde, wie leise seine Stimme und wie hungrig sein Bauch, hätte er aufhören können. Beim ersten Hauch des stinkenden Stalls, beim ersten kalten Windstoß, beim ersten Mal, als er sich das Knie aufschlug oder sich schnäuzte oder verbrannte Brötchen schmeckte, hätte er sich auch einfach umdrehen und weggehen können.

Als er den Lehmfußboden seines Hauses in Nazareth sah.

Als er Josef in der Werkstatt helfen musste.

Als seine Mitschüler einschliefen während der Lesung aus der Tora – seiner Tora.

Als der Nachbar seinen Namen missbrauchte.

Als der Nachbar die Schuld an seiner schlechten Ernte Gott gab.

An jedem Punkt hätte Jesus sagen können: „Das
war's! Jetzt reicht's mir aber! Ich gehe nach Hause."

Aber das tat er nicht.

Und er tat es nicht, weil er die Liebe ist. Und „die Liebe . . . erträgt alles" (1. Korinther 13,4–7). Er ertrug die
Ferne und was noch wichtiger ist, er ertrug auch Widerstand und Weigerung. „Und das Wort ward Fleisch und
wohnte unter uns, und wir sahen seine Herrlichkeit"
(Johannes 1,14 L).

„Wir sahen seine Herrlichkeit." Was hat Johannes mit
diesen Worten gemeint? Könnte es sein, dass er in
Christus Lichtblitze des Himmels gesehen hat? Gele-
gentliche, aber unvergessliche feurige Blitze. Könnte es
sein, dass Christus hin und wieder seinen Umhang des
Menschseins öffnete und dabei einen Strahl seiner gött-
lichen Herrlichkeit entweichen ließ?

Ein regelmäßiger Besucher unserer Gemeinde ist David Robinson. David ist ein großer, schwerer Mann. Er
ist über zwei Meter groß und wiegt etwa 115 Kilo. Sein
Körperfettanteil beträgt sechs Prozent. (So viel habe ich
in einem Oberschenkel). Er ist ein NBA All-Star, aber
das ist nicht alles. David ist noch viel mehr. Er liebt Gott
und er liebt Kinder. Aus diesem Grund kann man sich
folgende Szene ziemlich leicht vorstellen.

Sagen wir, der großherzige David lässt sich zu einem
eins-gegen-eins-Spiel gegen ein sechsjähriges Mädchen
überreden. Sie fragt ihn eigentlich nur so zum Spaß
und er sagt Ja. Die beiden sind auf demselben Spielfeld,
spielen mit demselben Ball, spielen dasselbe Spiel aber
jeder weiß, dass dies nicht derselbe David ist. Es ist ein
gütiger David, ein David, der sich zurückhält. Er spielt
anders bei einem Punktespiel als bei einem Spiel gegen
ein sechsjähriges kleines Mädchen.

Und jetzt stellen Sie sich vor, dass irgendein Rüpel

anfängt, sich über das Mädchen lustig zu machen. Er beschimpft sie und nimmt ihr den Ball weg. Er wirft ihn ihr so heftig wieder zu, dass sie hinfällt. Sie wissen, was David dann tut? Vielleicht wird David für einen Augenblick wirklich David. Vielleicht packt er den Typen dann wirklich am Kragen und trägt ihn weg.

Vielleicht würde für einen kurzen Augenblick der wahre David zum Vorschein kommen und die Oberhand gewinnen.[1]

Es gab Augenblicke, in denen der wahre Jesus das auch getan hat. Die meiste Zeit hat er sich zurückgenommen, aber es gab Augenblicke, in denen er sein Cape ein bisschen lüftete. Es gab auch Augenblicke, da hatte er genug von dem Tyrannen aus der Hölle.

Als der Sturm seine Jünger in Angst und Schrecken versetzte, stand er da und öffnete seinen Umhang: „Kommt her."

Als die Krankheit seinen Kindern alle Freude raubte, rührte er den Leprakranken mit seiner Kraft an: „Sei rein!"

„Und einen Augenblick lang", Johannes muss geseufzt haben, als er diese Worte aufschrieb, „haben wir seine Herrlichkeit gesehen."

Einige wenige wie Johannes waren völlig überwältigt von diesem Anblick. Andere dagegen verpassten ihn. Sie verpassten die Herrlichkeit Gottes. Aus welchem Grund auch immer, sie verpassten sie. Wie reagierten sie auf seine Gegenwart?

„Da lachten sie ihn aus" (Matthäus 9,24).

„Er ist von einem bösen Geist besessen! Er ist wahnsinnig! Weshalb geben wir uns überhaupt noch mit ihm ab?" (Johannes 10,20).

„Auch die Hohenpriester und die Schriftgelehrten standen voller Schadenfreude unter dem Kreuz und verhöhnten Jesus" (Markus 15,29).

„Die geldgierigen Pharisäer spotteten über diese Worte" (Lukas 16,14).

Jesaja prophezeite diese Ablehnung mit folgenden Worten: „Er wurde verachtet, von allen gemieden" (Jesaja 53,3).

Und Johannes fasste diese Ablehnung so zusammen: „Doch obwohl er unter ihnen lebte und die Welt durch ihn geschaffen wurde, erkannten die Menschen nicht, wer er wirklich war. Er kam in seine Welt, aber die Menschen nahmen ihn nicht auf" (Johannes 1,10–11).

Wie konnte Jesus eine solche Behandlung ertragen? Er hätte doch jederzeit sagen können: „Mir reicht's, ich hör auf." Wieso tat er das nicht? Was hielt ihn davon ab aufzugeben?

Ich frage mich, ob Lee Ielpi die Antwort versteht. Er ist Feuerwehrmann im Ruhestand, Feuerwehrmann in New York City. Er hat 26 Jahre seines Lebens der Stadt geschenkt, aber am 11. September 2001 hat er ihr noch viel mehr gegeben, nämlich seinen Sohn. Jonathan Ielpi war auch Feuerwehrmann. Als das World Trade Center einstürzte, war er darin.

Feuerwehrmänner sind ein loyaler Clan. Wenn einer von ihnen im Dienst umkommt, dann bleibt die Leiche so lange dort, wo sie ist, bis jemand kommt, der den Toten kennt und ihn birgt. Lee machte es sich zu seiner persönlichen Aufgabe, seinen Sohn zu finden. Jeden Tag grub er zusammen mit Dutzenden anderer auf dem riesigen Friedhof. Am Dienstag, dem 11. Dezember, drei Monate nach der Katastrophe, wurde sein Sohn gefunden. Und Lee war da, um ihn zu bergen und herauszutragen.[2]

Er gab nicht auf. Der Vater ging nicht weg. Er weigerte sich, sich umzudrehen und zu gehen. Wieso das so war? Weil seine Liebe zu seinem Sohn größer war als der Schmerz während der Suche. Kann man nicht dasselbe auch von Jesus sagen? Wieso gab er nicht auf? Weil die Liebe zu seinen Kindern größer war als der Schmerz, den sein Weg für ihn bedeutete. Er kam, um Sie herauszuholen. Ihre Welt war zusammengebrochen und deshalb ist er gekommen. Sie waren tot, tot in der Sünde. Deshalb ist er gekommen. Er liebt Sie. Deshalb ist er gekommen. Deshalb hat er die Distanz zwischen uns ertragen. „Die Liebe . . . erträgt *alles*.“

Deshalb hat er auch unseren Widerstand ausgehalten. „Die Liebe . . . erträgt alles.“

Deshalb ist er auch den letzten Schritt der Menschwerdung gegangen: „Denn Gott hat Christus, der ohne jede Sünde war, mit all unserer Schuld beladen und verurteilt, damit wir von dieser Schuld frei sind und Menschen werden, die Gott gefallen“ (2. Korinther 5,21).

Warum hat Jesus das getan? Es gibt darauf nur eine Antwort. Und diese Antwort besteht aus nur einem einzigen Wort: Liebe. Und die Liebe Christi „erträgt alles, sie glaubt alles, sie hofft alles und hält allem stand“ (1. Korinther 13,7).

Denken Sie darüber einmal einen Augenblick lang nach. Trinken Sie in tiefen Zügen davon. Nippen Sie nicht nur daran. Es ist Zeit, in wirklich tiefen Zügen zu trinken. Es ist Zeit, dass Sie alles andere in Ihrem Leben von dieser Liebe bedecken lassen. Alle Geheimnisse, alles, was wehtut. Alle schlimmen, bösen Stunden, jede Minute der Sorge und des Kummers.

Jeden Morgen, an dem Sie im Bett eines Fremden aufgewacht sind. Seine Liebe wird es zudecken. Die Jahre, in denen Sie mit Stolz und Vorurteilen hausieren gegangen sind. Seine Liebe wird auch das bedecken. Jedes gebrochene Versprechen, jede konsumierte Droge, jeder gestohlene Pfennig. Jedes ärgerliche Wort, jedes Schimpfwort, jedes harte Wort. Seine Liebe deckt alles zu.

Lassen Sie es zu. Entdecken Sie zusammen mit dem Psalmisten: „Seine Liebe und Güte umgeben mich allezeit. Mein Leben lang gibt er mir Gutes im Überfluss“ (Psalm 103,4).Stellen Sie sich einen riesigen Kipplaster voller Liebe vor. Sie befinden sich direkt dahinter und jetzt betätigt Gott den Hebel, der den Kipper hebt, und zwar so lange, bis die Ladung ins Rutschen gerät. Zuerst ganz langsam, dann weiter und immer weiter, bis Sie ganz und gar darunter verschüttet sind. Verdeckt, begraben, bedeckt von seiner Liebe.

„Hey, wo bist du denn?", fragt jemand.

„Ich bin hier drinnen, bedeckt mit Liebe."

Lassen Sie die Liebe alles zudecken.

Tun Sie es um seinetwillen. Um seinen Namen zu verherrlichen.

Und tun Sie es auch um Ihretwillen, um inneren Frieden zu finden.

Und tun Sie es um ihretwillen, für die Menschen in Ihrem Leben. Lassen Sie sich von seiner Liebe überschütten, damit Ihre Liebe dann weiter auf die anderen fallen kann.

Unerschöpfliche Liebe

Nur eins wird bleiben: die Liebe.
1. Korinther 13,8

Gott liebt Sie ganz einfach,
weil er es so will.
Er liebt Sie, wenn Sie sich ganz
und gar nicht liebenswert fühlen.
Er liebt Sie auch dann,
wenn sonst niemand Sie liebt.
Andere lassen Sie vielleicht im Stich;
lassen sich von Ihnen scheiden und
ignorieren Sie.
Aber Gott liebt Sie. Immer.
Immer.
Was auch geschieht.

Mein Freund Mike erzählte mir kürzlich, dass seine drei Jahre alte Tochter Rachel das Gleichgewicht verloren hatte und dadurch mit dem Kopf gegen einen elektrischen Heizlüfter gefallen ist. Nach einem kurzen gellenden Schrei verlor sie daraufhin das Bewusstsein. Ihre Eltern rasten mit ihr ins Krankenhaus, wo die Untersuchung ergab, dass sie sich einen Schädelbruch zugezogen hatte.

Das ist ziemlich traumatisch für ein Kind und auch ziemlich traumatisch für die Eltern. Rachel blieb über Nacht zur Beobachtung in der Klinik und wurde dann nach Hause entlassen. Ein paar Tage verhielt sie sich verständlicherweise sehr ruhig. Aber Mike war sich sicher, dass sie wieder ganz gesund werden würde, als er eines Morgens hörte, wie sie mit sich selbst redete. Er lag noch im Bett, sie war in ihrem Zimmer zwei Türen weiter.

„Bär? Hündchen? Schaf? Baby?"

Mike lächelte. Sie hielt Appell in ihrem Kinderbettchen und kontrollierte die Anwesenheit all ihrer Freunde. Nach all dem, was sie hinter sich hatte, wollte sie sich vergewissern, ob immer noch alles in Ordnung war.

Einige Augenblicke herrschte Stille in ihrem Zimmer und dann fuhr sie fort: „Augen? Nase? Haare? Hand?"

Nachdem sie sich vergewissert hatte, dass all ihre Freunde da waren, machte sie direkt mit einer Bestandsaufnahme ihrer eigenen Körperteile weiter.

Nehmen wir einmal an, wir machen es wie sie. Bevor dieses Buch zu Ende ist, lassen Sie uns kurz eine Bestandsaufnahme machen. Wie sieht es mit unseren Beziehungen aus? Denken Sie kurz an die Menschen in Ihrem Leben. Wenn Sie jetzt gerne ein paar Namen an den Rand schreiben wollen, nur zu. Ihr Mann beziehungsweise Frau, Kinder, Lehrer, Freunde, Eltern, Kollegen und so weiter. Denken Sie eine Weile darüber nach. Wer bevölkert Ihren persönlichen Erdkreis?

Wenn Ihnen jetzt einige Namen einfallen, möchte ich Sie dabei an etwas erinnern. Sind sie nicht wertvoll? Sind sie nicht wichtig? Sind diese Beziehungen es nicht wert, was auch immer nötig ist, in sie zu investieren und sie intakt zu halten? Sicher, Menschen können schwierig sein. Aber trotzdem – was ist denn wichtiger als Menschen?

Sehen Sie es doch einmal so. Wenn Sie am Ende Ihres Lebens angelangt sind, was werden Sie sich dann wünschen? Wenn der Tod die Hand nach Ihnen ausstreckt, wo werden Sie dann Trost suchen? Werden Sie Ihr gerahmtes Examenszeugnis drücken? Werden Sie darum bitten, dass jemand Sie in die Garage trägt, damit Sie in Ihrem tollen Auto sitzen können? Werden Sie Trost darin finden, immer wieder Ihr Testament zu lesen? Natürlich nicht. Worauf es dann ankommt, sind Menschen. Wenn es zu diesem Zeitpunkt am allermeisten auf Beziehungen ankommt, sollte es dann nicht auch jetzt schon so sein?

Was können wir also tun, um sie zu festigen und zu stärken? Es wäre schon mal ein guter Anfang, Rachels Beispiel zu folgen. Sie führte eine Inventur ihrer Körperteile durch; lassen Sie uns eine innere Inventur durchführen. Lebe ich aus dem Überfluss der Liebe Gottes? Wie gut liebe ich die Menschen in meinem Leben? Wird durch die Art, wie ich mit Menschen umgehe, widergespiegelt, wie Gott mit mir umgeht?

Es ist nicht immer einfach, Menschen zu lieben. Ja, dieses Buch, das gerade vor Ihnen liegt, ist bestimmt für manchen von Ihnen eine echte Herausforderung. Sie wurden nämlich gezwungen, noch einmal erneut an Menschen zu denken, die zu lieben Ihnen ziemlich schwer fällt. Das ist eine schwierige Angelegenheit. Es ist nicht leicht, Menschen zu lieben, die uns Kummer und Schmerz bereitet haben, die uns schlecht behandelt, abgelehnt oder im Stich gelassen haben, sodass wir jetzt alleine dastehen und einsam sind. Manche von

Ihnen fragen sich vielleicht, ob es Ihnen jemals möglich sein wird, diese Menschen, die Ihnen so sehr weh getan haben, überhaupt noch einmal zu lieben. Was können wir also tun?

Die herkömmliche Weisheit besagt, dass mangelnde Liebe immer auch an mangelndem Bemühen liegt, also geben wir uns noch mehr Mühe, graben tiefer, strengen uns noch mehr an.

Aber könnte mangelnde Liebe nicht auch noch an etwas anderem liegen? Könnte es nicht auch sein, dass wir einen Schritt auslassen? Könnte es sein, dass wir versuchen etwas zu geben, das wir gar nicht haben? Vergessen wir vielleicht, zunächst etwas zu bekommen?

Die Frau in Kapernaum vergaß das nicht. Erinnern Sie sich noch an sie aus dem ersten Kapitel? Erinnern Sie sich noch, wie sie Jesus mit Liebe überschüttete? Sie wusch seine Füße mit ihren Tränen, trocknete seine Füße mit ihrem Haar ab. Wenn Liebe einem Wasserfall gliche, dann wäre sie der Niagarafall.

Und Simon, also Simon wäre in diesem Bild die Sahara. Trocken, verdorrt, hart. Sein hartes Herz überrascht uns, denn er war schließlich ein Kirchgänger, der Pastor, Leiter der Priesterausbildung. Sie dagegen war die Stadtschlampe. Er hatte mehr biblische Inhalte vergessen, als sie je gekannt hatte. Aber sie hatte eine Wahrheit entdeckt, die Simon irgendwie nicht mitbekommen hatte: Gottes Liebe ist grenzenlos.

Gottes Liebe entspricht dem Maßstab, der in unserem letzten Bibelvers gesetzt wird. Paulus sagt hier: „Die Liebe hört niemals auf" (1. Korinther 13,8).

Das Verb, das Paulus hier für „bleiben, nie aufhören" verwendet, wird an anderer Stelle auch benutzt, um das Verwelken einer Blume zu beschreiben, wie sie zu Boden fällt, verwelkt und verwest. Es enthält die Bedeutung von Tod und Verlassenwerden. Die Liebe Gottes, so sagt der Apostel, wird nie zu Boden fallen, verwelken und schließlich zerfallen. Von ihrem Wesen her ist sie dauerhaft. Sie verschwindet einfach nicht und lässt sich auch nicht abschaffen.

Die Liebe ist ewig, sie stirbt nie, sie hat kein Ende, sie hört nie auf. All diese Aussagen über die Liebe sind in der Bibel zu finden.

Regierungen scheitern, aber Gottes Liebe bleibt. Könige haben eine begrenzte Regierungszeit, aber die Liebe ist ewig. Ihr Geld wird Ihnen ausgehen, aber die Liebe niemals.

Wie kann Gott eine solche Liebe haben, wo doch niemand ohne Grenzen ist oder endlose Liebe hat. Kein Mensch kann vollkommen lieben. Da haben Sie Recht, das kann kein Mensch, aber Gott ist eben kein Mensch. Im Unterschied zu unserer Liebe hört seine niemals auf und scheitert auch nicht. Seine Liebe unterscheidet sich gewaltig von unserer.

Unsere Liebe hängt von der Person ab, die sie bekommt. Wenn tausend Menschen an uns vorbeigehen, empfinden wir nicht einmal für zwei von ihnen genau gleich. Unsere Liebe wird unter anderem beeinflusst von ihrem Aussehen und ihrer Persönlichkeit. Selbst wenn wir ein paar Menschen finden, die wir mögen, sind unsere Gefühle für sie unterschiedlich. Wie sie uns behandeln, wirkt sich darauf aus, wie (sehr) wir sie lieben.

Bei der Liebe Gottes ist das nicht so. Wir haben keinen Einfluss auf seine Liebe zu uns. Die Liebe Gottes kommt aus ihm selbst heraus und ist nicht durch das mitbestimmt, was er bei uns vorfindet. Seine Liebe ist bedingungslos und spontan. Charles Wesley hat dazu gesagt: „Er liebt uns. Er liebt uns, weil er lieben will."[1]

Liebt er uns, weil wir gut sind? Weil wir freundlich sind? Weil wir einen so großen Glauben haben? Nein, er liebt uns, weil *er* gut und freundlich ist und großen Glauben hat.

„Nicht wir haben Gott geliebt, sondern er hat uns seine Liebe geschenkt" (1. Johannes 4,10).

Tröstet dieser Gedanke Sie? Gottes Liebe hängt nicht

von Ihrer ab. Wenn Sie reichlich lieben, nimmt seine Liebe deshalb nicht zu. Wenn es Ihnen an Liebe mangelt, wird seine dadurch nicht geringer. Wenn Sie gut sind, vergrößert das seine Liebe nicht und Ihre Schwäche verringert sie nicht. Das, was Mose zum Volk Israel sagte, ist genau das, was Gott auch zu uns sagt:

Das hat er nicht etwa getan, weil ihr zahlreicher wärt als die anderen Völker. Denn ihr seid ja das kleinste von allen Völkern.

Nein, aus Liebe hat er sich euch zugewandt und weil er das Versprechen halten wollte, das er euren Vorfahren gegeben hat. 5. Mose 7,7–8

Gott liebt Sie ganz einfach, weil er es will.

Er liebt Sie auch dann, wenn Sie sich nicht besonders liebenswert finden.

Er liebt Sie auch dann, wenn sonst niemand Sie liebt. Andere mögen Sie vielleicht verlassen, sich von Ihnen scheiden lassen, Sie ignorieren, aber Gott liebt Sie. Immer. Was auch passiert.

Und das ist seine Haltung: „Einmal werde ich die mein Volk nennen, die bisher nicht dazugehörten; und ich werde die auserwählen, die bisher nicht meine Auserwählten waren" (Römer 9,25).

Und das ist sein Versprechen: „Ich habe euch schon immer geliebt, darum bin ich euch stets mit Güte begegnet" (Jeremia 31,3).

Und wissen Sie, was das außerdem bedeutet? Sie haben einen riesigen Tank voller Liebe zur Verfügung, aus dem Sie trinken können. Wenn es Ihnen schwer fällt zu lieben, dann sollten Sie trinken! Trinken Sie in tiefen Zügen! Trinken Sie jeden Tag!

Vergessen Sie nicht, dass Liebe eine Frucht ist. Treten Sie in den Obstgarten des Wirkens Gottes, und welche Früchte entdecken Sie da? „*Liebe* und Freude, Frieden und Geduld, Freundlichkeit, Güte und Treue,

Besonnenheit und Selbstbeherrschung" (Galater 5,22, Hervorhebung des Verfassers).

Liebe ist also eine Frucht, eine Frucht wovon? Eine Frucht Ihrer Hände Arbeit? Ihres tiefen Glaubens? Ihrer rigorosen Entschlossenheit? Nein. Liebe ist eine Frucht des Geistes Gottes. „Dagegen bringt der Heilige Geist in unserem Leben nur Gutes hervor" (Galater 5,22).

Und, das ist besonders wichtig, Sie sind eine Rebe am Weinstock Gottes. „Ich bin der Weinstock und ihr seid die Reben" (Johannes 15,5). Brauchen Sie vielleicht noch einmal eine kurze Erinnerung daran, wie das mit den Weinstöcken funktioniert? Worin besteht die Rolle der Reben beim Fruchtbringen? Reben entziehen nicht viel Energie. Man hat doch noch nie von Gärtnern gehört, die ihre Reben wegen Erschöpfung in Behandlung geschickt haben. Reben nehmen nicht an Beratung für Stressbewältigung teil. Und sie jammern und stöhnen auch nicht: „Ich muss diese Trauben hervorbringen. Ich muss diese Trauben produzieren. Ich werde diese Trauben hervorbringen, und wenn es mich umbringt!"

Nein, eine Rebe tut nichts von alldem. Die Rebe hat eine einzige Aufgabe – sich vom Weinstock mit Nährstoffen versorgen zu lassen. Und auch Sie haben eine Aufgabe – sich von Jesus mit Nahrung versorgen zu lassen: „Ich bin der Weinstock, und ihr seid die Reben. Wer bei mir bleibt, in dem bleibt mein Leben, und er wird viel Frucht tragen. Wer sich aber von mir trennt, kann nichts ausrichten" (Johannes 15,5).

Was die letzte Zeile angeht, da werden wir unserem Herrn nicht widersprechen, oder? Wir haben auf die harte Tour gelernt, dass wir ohne ihn nichts ausrichten können. Finden Sie nicht, dass es Zeit für uns ist zu erfahren, was passiert, wenn wir an ihm bleiben?

Seine Aufgabe ist es, Frucht zu bringen und unsere, an ihm zu bleiben. Je intensiver wir an Jesus festgemacht sind, desto reiner kann seine Liebe durch uns hindurchgehen. Und ach, was für eine Liebe das ist! Geduldig ist sie und freundlich. Sie beneidet nicht, ist nicht angeberisch oder stolz.

Lassen Sie uns 1. Korinther 13,4–8 noch einmal durchgehen. Nicht mit Ihrem Namen oder dem Namen Jesu eingesetzt, sondern mit beiden. Lesen Sie den Text laut vor und setzen Sie dabei Ihren Namen ein. Dann schauen Sie, was Sie darüber denken.

Christus in _____ ist geduldig, Christus in _____ ist freundlich. Christus in _____ kennt keinen Neid, Christus in _____ kennt keine Selbstsucht, Christus in _____ prahlt nicht, Christus in _____ ist nicht überheblich. Christus in _____ ist nicht verletzend, Christus in _____ ist nicht auf sich selbst bedacht, Christus in _____ ist nicht reizbar, Christus in _____ ist nicht nachtragend.

Christus in _____ freut sich nicht am Unrecht, Christus in _____ freut sich, wenn die Wahrheit siegt.

Christus in _____ erträgt alles, glaubt alles, hofft alles und hält allem stand.

Nur eins wird bleiben: Christus in mir.

Werden wir jemals so lieben? Werden wir je vollkommen lieben? Nein, jedenfalls nicht, so lange wir hier auf der Erde und noch nicht im Himmel sind. Jetzt kann das nur Gott. Aber wir werden zumindest besser lieben als zuvor.

Wenn Freundlichkeit nur grollend und schmollend kommt, dann erinnern wir uns daran, wie freundlich er zu uns ist und bitten ihn darum, uns freundlicher zu machen. Wenn uns die Geduld ausgeht, dann danken wir ihm für seine und bitten ihn, uns geduldiger zu machen. Wenn es uns schwer fällt zu vergeben, dann werden wir nicht all die Male aufzählen, die wir getrauert haben, wo uns wehgetan wurde. Stattdessen zählen wir all die Male auf, wo wir Gnade empfangen haben und bitten darum, besser vergeben zu können. Wir empfangen erst, damit wir später geben können. Wir trinken in tiefen Zügen von der endlosen Liebe des Himmels.

Und wenn wir das tun, dann werden wir dabei eine Liebe entdecken, die es wert ist, sie weiterzugeben.

Anmerkungen

Das Flaggschiff der Liebe

[1] David Aikman, *Great Souls: Six Who Changed the Century* (Nashville, 1998), S. 341f.
[2] ebd., S. 338–344

Ihr Freundlichkeitsquotient

[1] Johannes 2,1–11; Lukas 19,1–10; Markus 5,21–34; Matthäus 9,22 (Luther).
[2] Gerhard Kittel und Gerhard Friedrich, *Theological Dictionary of the New Testament* (Grand Rapids, 1971), Bd. 9, S. 483 (dt. Theologisches Wörterbuch zum Neuen Testament).

Entbrannt

[1] Paul Lee Tan, *Encyclopedia of 7.700 Illustrations* (Rockville, 1979), S. 274.
[2] Linda Dillow und Lorraine Pintus, *Gift-Wrapped by God: Secret Answers to the Question „Why Wait?"* (Colorado Springs, 2002).
[3] Hank Hanegraaff, *The Prayer of Jesus* (dt. Das Gebet Jesu: Das Geheimnis wahrer Gemeinschaft mit Gott) (Nashville, 2001), S. 13–14.

[4] Ich danke Jim Barker, der mir diese Geschichte erzählt hat.

Die hackordnungsfreie Zone Gottes

[1] Dan McCarney, „Courage to Quit", *San Antonio Express News*, 13. Juli 2000.
[2] Gerald F. Hawthorne, *Philippians*, Vol. 43 of *Word Biblical Commentary* (Waco, 1983), S. 70.
[3] William Barclay, *The Letter to the Romans* (Philadelphia, 1975), S. 164.

Appell an Ihr gutes Benehmen

[1] King Duncan, *Lively Illustrations for Effective Preaching* (Knoxville, 1987), S. 61.

Das „Ich" in seine Schranken weisen

[1] Gerhard Kittel und Gerhard Friedrich, *Theological Dictionary of the New Testament* (Grand Rapids, 1971), Bd. 2, S. 660 (dt. Theologisches Wörterbuch zum Neuen Testament).

Das Quellgebiet des Zorns

[1] Dwight Edwards, *Revolution within* (Colorado Springs, 2001), S. 57–58.
[2] Ebd. S. 58
[3] Robert Emmit, *Anger Management*, Hörkassette von einem Gottesdienst in der *Community Bible Church*, 2477 East 1604, San Antonio, TX 78232, am 14. Januar 2001.

Ein verletztes Herz

[1] Jerry Schwartz, „Where Does One Stash That Trash Ash?" *San Antonio Express News*, 3. September 2000.

Der Liebestest

[1] Tim Kimmel, zitiert in Stu Weber, *Tender Warrior* (Sisters, 1993), als „Changed Lives" in *A 4th Course of Chicken Soup for the Soul* (Deerfield, 1997), S. 60f.

Liebe gibt es nur als Gesamtpaket

[1] Robert J. Dean, *First Corinthians for Today* (Nashville, 1972), S. 60.

Der Mantel der Liebe

[1] Gerhard Kittel und Gerhard Friedrich, *Theological Dictionary of the New Testament* (Grand Rapids, 1971), Bd. 7, S. 587 (dt. Theologisches Wörterbuch zum Neuen Testament).
[2] Johannes 8,1–11; Matthäus 14,22–23; Markus 5,1–20; Matthäus 17,24–27.
[3] Ich danke Dr. Harold Wise und Dr. Joe Bob Wise dafür, dass sie mir erlaubt haben, die Geschichte ihrer Eltern zu erzählen.

Der Ring des Glaubens

[1] Barbara Bressi-Donahu, „Friends of the Ring", *Reader's Digest*, Juni 1999, S. 154.
[2] Johannes 8,1–11; Matthäus 14,22–23; Markus 5,1–20; Matthäus 17,24–27.

[3] Alan Loy McGinnis, *Bringing Out the Best in People: How to Enjoy Helping Others Excel* (Minneapolis, 1985), S. 32f.

[4] Alan Loy McGinnis, *The Friendship Factor* (Minneapolis, 1979), S. 51f.

[5] David Jeremiah, *Acts of Love* (Gresham, 1994), S. 92.

[6] Bressi-Donahue, a.a.O., S. 153–160.

Wenn Ihre Hoffnung schwindet

[1] Charles Swindoll, *The Tale of the Tardy Oxcart and 1501 Other Stories* (Nashville, 1998), S. 275.

Er hätte auch aufgeben können

[1] Ich danke J.R. Vassar für diesen Vergleich und David Robinson dafür, dass ich ihn benutzen darf.

[2] Deborah Hastings, „Firefighters' Reward: Carrying Son's Body!", *San Antonio Express News*, 14. Dezember 2001.

Unerschöpfliche Liebe

[1] J.I. Packer, *Knowing God* (Downers Grove, 1973), S. 112.